周文化传承丛书

家 风 卷

总主编◎傅乃璋　　本卷主编◎李沛生

岐山周文化研究会　编

中国文史出版社

图书在版编目（CIP）数据

周文化传承丛书.家风卷/傅乃璋总主编；李沛生
主编；岐山周文化研究会编.—北京：中国文史出版
社，2023.12
ISBN 978-7-5205-4369-9

Ⅰ.①周… Ⅱ.①傅… ②李… ③岐… Ⅲ.①周文化
（考古学）－研究 ②家庭道德－研究－中国－周代 Ⅳ.
①K871.34 ②B823.1

中国国家版本馆CIP数据核字（2023）第232947号

责任编辑：王文运　赵姣娇

出版发行：**中国文史出版社**

社　　址：北京市海淀区西八里庄路69号　邮编：100142
电　　话：010-81136606　81136602　81136603（发行部）
传　　真：010-81136655
印　　装：陕西省岐山彩色印刷厂
经　　销：全国新华书店
开　　本：787mm×1092mm　1/16
总 印 张：109
总 字 数：1406千字
版　　次：2024年9月北京第1版
印　　次：2024年9月第1次印刷
总 定 价：360.00元（全八册）

《周文化传承丛书》编辑委员会

序

宫长为

习近平总书记指出："中华优秀传统文化是中华文明的智慧结晶和精华所在，是中华民族的根和魂，是我们在世界文化激荡中站稳脚跟的根基。"传承中华优秀传统文化，弘扬中华民族精神，推动中华优秀传统文化创造性转化、创新性发展，是增强文化自觉、坚定文化自信、培育和践行社会主义核心价值观、建设社会主义文化强国的必然要求，也是历史和时代发展的必然要求。因此，我们要特别重视挖掘中华五千年文明中的精华，弘扬中华优秀传统文化，要从根脉抓起。周文化是儒家文化的源泉，是中华优秀传统文化的主要根脉。

李学勤先生指出："研究周文化，要把目光集中到作为周人发祥地的岐山周原。在整个西周三百年间，岐周一直保持着政治上中心之一的地位，而且从当今的工作来说，探求周文化一定离不开岐周。"这为我们研究周文化指明了方向。岐山是一块物华天宝、人杰地灵的宝地。3000多年前，居住在豳地的周部族首领古公亶父，因受到戎狄部落侵扰，便率部众离开故土，渡过漆水、沮水，翻越梁山，迁徙到岐下周原。在这块钟灵毓秀的土地上，他们修建都邑、建邦立国，拉开了翦商崛起的序幕。历经王季、文王、武王数代人的共同努力，周人励精图治、自强不息，终于推翻了殷商王朝，建立了西周王朝。后继之君成王、康王在周公旦、召公奭、太公望等重臣的辅佐下，开创了我国历史上第一个治世——成康之治。与此同时，周人也创造出博大精深、泽被千秋的周文化。以周公旦为代表的统治者，总结并吸取了夏商两代灭亡的教训，在治国理政的实践中提出了"以德配天""敬德保民""明德慎罚"等德政思想，尤其是他们所创立的礼乐制度对后世产生了深远的影响。周文化是中华优秀传统文化的基石，是中国古代文明发展的高峰。在历史长河中，伏羲、女娲、神农三皇时期，是中华文明的奠基阶段，黄帝、颛顼、帝喾、尧、舜五帝时期是中华文明的开创阶段，而在夏商周三代，中华文明进入了长足发展的阶段，周文化已经显示出人类文明达到了一个前所未有的新高度。岐山作为周原的核心区域之一，文化底蕴深厚，周文化遗存极为丰富，这为我们研究周文化提供了珍贵的资料。

2015年至今，中国先秦史学会周公思想文化研究会在岐山县举办了五届周文化暨周公思想文化研讨会，我因此与岐山结下了不解之缘，也结识了一些岐山朋友。令我印象深刻的是：岐山作为一个文化大县，当地政府非常重视文化建设工作，有一批情系乡梓、热爱地方优秀传统文化的有识之士，每次去岐山，都能在文化建设方面看到新成果。将传承弘扬周文化与培育和践行社会主义核心价值观及乡风文明建设相结合，是岐山县在新时代精神文明建设、公民道德建设和文化建设工作方面的一大创举。2015年10月，全国首届周文化暨周公思想文化研讨会在岐山召开，时任岐山县政协主席傅乃璋先生带领县政协一班人，组织岐山学人历时4年，编撰出版了一套八卷本的《周文化丛书》，为当时的研讨会献上了一份厚重的贺礼。《周文化丛书》是岐山县在文化建设工作方面取得的丰硕成果之一，也是中国周文化研究最重要的成果之一，为传承弘扬周文化、宣传岐山作出了重要贡献。陈宗兴、李学勤、孟建国三位先生为丛书作序，予以高度评价。

近年来，受疫情影响，我去岐山的机会少了，但一直关注着岐山周文化研究和文化建设等方面工作。傅乃璋先生乡梓情深，热衷于周文化传承弘扬工作，退休后当选为岐山周文化研究会会长，继续发挥余热。他带领岐山周文化研究会同仁，深入贯彻岐山县第十八次党代会精神，切实落实岐山县委、县政府"做活周文化"战略部署，历时3年，数易其稿，精心编撰出一套由《勤廉卷》《德行卷》《诚信卷》《家风卷》《教育卷》《孝道卷》《礼俗卷》《人物卷》共八卷组成的《周文化传承丛书》，基本上涵盖社会主义核心价值观与公民道德建设的方方面面，成就显著。这套丛书与2015年出版的《周文化丛书》交相辉映、相得益彰，互为姊妹篇章。这套丛书以传承周文化、弘扬中华传统美德、培育和践行社会主义核心价值观、助推乡风文明建设为宗旨，将周文化思想理念、历史典故、伦理道德、传统美德、礼仪民俗、家风家训、名言警句、岐山教育、岐山名人、现代岐山人先进事迹等融为一体，具有较强的思想性、理论性和可读性，是一套传承和弘扬周文化，培育和践行社会主义核心价值观，推进精神文明建设、公民道德建设和乡风文明建设的文化精品。对传承和弘扬地方优秀传统文化、推进岐山县高质量发展具有重要的借鉴价值和现实意义。

　　《周文化传承丛书》出版在即，傅乃璋先生邀我为丛书作序，盛情难却，写下以上文字为序，是否妥当？敬请广大读者指正。希望这套丛书能得到广大读者朋友们的欢迎，也期盼大家多提宝贵意见，共同将中华优秀传统文化发扬光大，为增强文化自觉、坚定文化自信，建设社会主义文化强国作出更大贡献。

2023年12月于北京

　　（宫长为：中国先秦史学会会长、中国社会科学院中国历史研究院古代史研究所研究员）

目　录

概　述

　　家风是一个家庭、家族世代传承家规中形成的一个相对稳固的道德规范，是一种潜移默化的精神力量。优良家风是中华传统美德的重要组成部分。家风的基础在于家族或家庭有威望的人定下的规矩，一般包括家规、家训、家法等。"清华简"记载了周文王留下的现存最早的成文家训——《保训》；元圣周公的《戒伯禽书》是家训的典范，长期以来被认为是中国历史上第一部家训；岐山发轫的《礼记》中"修身、齐家、治国、平天下"是中国最早家风的表述，因而，岐山是中国家训、家风建设的发源地。岐山诞生的周代众多圣贤，以治国修身齐家的不凡修为，树立了践行德礼孝道的光辉典范，促成了周室家和业兴、江山绵绵800余载，他们为中华文明有序前行作出了重要贡献。

　　周室圣贤的生动实践，充分说明家风在家庭、社会、国家建立发展中具有重要作用。然而，随着物质文明的不断发展，尤其信息化浪潮的冲击，许多人对优秀传统美德有所忽略，对家庭、家族、家风建设的重要性认识有所淡化，甚至对家风良俗有所悖逆，长此以往，将会造成不良后果，必须引起重视。在抓好物质文明建设的同时，更应抓好精神文明建设，更应该重视家庭建设，注重家庭、注重家教、注重家风，把良好家风作为规范自身言行、推进社会文明进步的指南。

　　翻开悠久的历史，打开尘封的记忆，我们会清楚地感到，那些明君圣主、忠良贤达、英雄才俊，他们之所以功业辉煌，名传万世，无不与他们优良的家风、良好的个人品行有关。他们的高风亮节、美好德行、善举佳言是照耀人们砥砺前行的灯塔，社会无论如何发展变化，他们都是人们学习效法的楷模。

　　本书从岐周圣贤留典范、懿德善行代代传、治家兴家有良方、周礼之乡好家风、家风家训传佳话、家风箴言留启迪六个方面，介绍了周代圣贤树典立范、历代名流和岐山人民接续传承家风家训故事，通过学习他们的言行及处世方式及千百年留下的名言警句诗联，促使人们不断学习先圣贤达优良品行，弘扬先进人物懿德善举，从中汲取前进的智慧动力，深切感受家风建设的重要性、必要性，带头弘扬优秀周礼文化，培育和践行社会主义核心价值观，以家风建设的优异成绩推进精神文明建设上新台阶，推进中华民族伟大复兴！

第一章　岐周圣贤留典范

　　3000多年前，周人祖先古公亶父率部众离豳奔岐，在膴膴周原崇仁尚德，兴邦立制，建起一个礼仪文明和谐有序的大家庭，打下800年周王朝的厚重根基。太姜、太（泰，下同）伯、季历、文王、太姒、武王、周公、召公接辈传辈，持续奋斗，孝亲敬老，育贤培良，周室家和万事兴，事业蒸蒸日上，涌现了众多德孝俱佳的大贤圣者和相夫教子的贤妻良母，留下了中国最早的家训家规，开创了中国孝道、中国早教、中国家训之先河，有力推进了中华文明砥砺前行的步伐。周先圣在岐山的懿德善行和著书立言，成了中华民族家庭、家教、家风建设的重要遵循，为促进社会和谐、国家稳定，为中华文明长期独领风骚、享誉世界打下了牢固基础。

太王岐下开鸿基

中国是历史悠久的文明古国，有100多万年的人类史，1万多年的文化史，5000多年的文明史。在这个漫长的岁月里，朝代更替、民族团结和睦，勤劳善良的炎黄儿女用聪明才智在广袤的中华大地，描绘着丰富多彩的动人画卷。

说起中华民族这个大家庭，肇兴于岐山的周代是怎么也绕不过去的，因为她有39位国王，享国祚达800余年，占去了中国历史将近1/5的时间。漫长的西周王朝奠定了中华文明大厦的根基，确定了中国人民的基本精神气质。

开创周代历史的祖先，肯定都是些十分了不起的大贤圣者，其中赫赫有名的周人之圣祖古公亶父，就是杰出的代表。古公亶父又名公亶父，出土文物武王征商簋中的铭文称其为"檀公"，通常被尊称为古公亶父和周太王，他是轩辕黄帝的17世孙，中华农神后稷的第12世孙，他是开创周代历史的关键性人物，具有远见卓识的政治家、改革家，颇受周王朝历代子孙崇敬的圣人级别的人物。他是古豳国的君主。豳国是一个很古老的邦国，在岐山北部不远处，曾出现过不窋、公刘等杰出的首领。

商代小乙二十六年，正当古公亶父顺承先祖遗风，不断把豳国各项事业推向前进的时候，邻近的一个称为戎狄的以游牧为主的部落，对和谐富足的豳国打起了坏主意，隔三岔五犯边扰民，尤其冬天，牧草干枯，小溪断流，人缺吃喝，马无草料，这些恶人便成群结队入侵豳国，肆意扰民抢掠财物，搞得豳国很不安宁，老百姓惶惶不可终日。许多豳人主张与来犯之敌决一死战，击退入侵者，免除后患。聪明的古公亶父未尝没有想到这一点，与敌决一死战的念头常常在他的脑际闪现。但以仁慈著称的古公亶父想到的是，武力对抗的严重后果：兵戎相见，纠缠斯杀，血肉横飞，死伤者无疑主要是无辜民众，这是爱民如子的古公亶父最不想见到并刻意要规避的事情。况且豳国人民爱好和平，鄙视仇杀，以当时的情况要战胜凶恶的敌人没有绝对把握。面对战与非战，保疆土还是保人民，古公亶父断然决定从长计议，弃土保民，出走异地他乡，把数代人苦心经营的土地、财物让给来犯者，避免杀戮带来的伤亡。

抛家舍口，离开先辈耕耘了数百年的土地，许多人很不忍心。但铁了心的古公亶父动情地说："我实在不愿意看到为了保护领地而让朝夕相处的乡亲一瞬间变为刀下厉鬼，白白失掉宝贵生命。"许多不情愿离开故土的乡亲，出于对自己首领的敬仰，也纷纷加入迁徙的队伍，外出人员达4000多乘车1万多人。

天下如此大，何处去安身。一个缺星少月的晚上，古公亶父祭拜了列祖列宗，带一把芳香的故乡泥土，恋恋不舍地离开了豳国，踏上了背井离乡的征程。因为有车辆辎重和妻儿老小，他们的行程充满艰辛。风餐露宿，日夜兼程，涉沮水过漆水，翻越梁山，七拐八拐，好不容易来到了岐山之巅。古公亶父站在岐山最高点，极目四望，"堇荼如饴"的"膴膴周原"美景尽收眼底：只见这里北山南山如安全屏障，大河小溪银光闪闪，滋润着广阔的平原。这里土地肥沃，树木葱茏，风光秀丽，真乃人间福宝之地。

古公亶父一眼就相中了这块风水宝地，处事谨慎的上万人当家人，急忙与随行要员反复商量，大家都觉得此地可以安家。让随行的占卜人挈龟卜卦，占卜结果也显示岐下周原确实是个安身立命的好地方，众人和天神的旨意与古公亶父高度契合，于是他们就下定决心驻足此地。为了表达对周原的尊崇，下决心在此开启新历程，他们还将自己的部族称为"周"。于是，古公亶父为岐山之阳带来了亘古少有的振兴新热潮。

凤鸣声中，周人事业红火热闹了起来。古公亶父立机构，设官职，定职责，建官舍民宅，组织动员民众，划地界、修渠道、开荒地、发展壮大祖先后稷稼穑之业。万人之邦的和熙大家庭开始了新生活，长达800年历史航程的朝代从岐下周原庄严启航。

古公亶父是一块在任何地方都能闪闪发光的金子，富饶美丽的岐下周原，更是他腾飞起舞的上佳平台。古公亶父用仁德力量感召民众团结民众，远道而来的大家庭，朝气蓬勃，意气风发，其乐融融，一股清新向上的空气弥漫在周原大地，并不断向四处散发着温馨和顺的光芒。豳国居民自不待说，不停地向周原迁移，其他部落和远方的民众，听说周原有位圣明的君主，带领着一个和谐幸福的大家庭，便闻风而动，众星参北斗，纷纷向周原麇集。曾经还相当寂寞的周原，发展势头迅猛，人口剧增，古公亶父后期，周原城堡俨然，村舍林立，成了拥有十多万人的美满大家庭，人人向往的聚落中心、文明高地。

古公亶父积极与当地部落联系，积极吸纳先进文化，移风易俗，取长补短，改革创新，使这个家庭步入快速发展的新阶段。《史记·周本纪》记载，古公亶父率族居于岐下后，行仁尚义，制定礼仪，借鉴当地先进经济文化发展经验，革除不合时宜的传统做法，制定新的治理邦国措施，吸纳当地各类人才，充实完善管理团队。他爱民为民，尽量减轻民众负担，轻徭薄赋，减少兵役，让众多家庭团圆相聚，和和乐乐。开创家和人兴、风清气正的崭新局面，岐周成了人们钦羡不已的王道乐土。

古公亶父一生勤勤恳恳，生活十分俭朴，与普通氏族成员一样住土窑洞和简陋的房间。每到开春，他常常深入田间，带头挥耒扬耜，耕耘田垄。严冬来临的时候，古公亶父和夫人一起挨家挨户嘘寒问暖，对缺衣少食者及时救济。

古公亶父既是一位大邦国的好头领，更是小家庭的好家长。他十分体贴爱戴自己的妻子太姜，妻子也很贤惠，懂道理，是他的贤内助和好帮手，他对太姜的爱情十分专一，以至于他纳太姜为妃后，再未纳妃，太姜也成为史书上记载第一个享受"一夫一妻"待遇的早期邦国领袖夫人。

古公亶父有三个儿子，分别为太伯、仲雍和季历，他们自幼聪明懂事，善解人意，讨人喜欢。古公亶父对孩子管教有方，集真心喜欢与严加管教于一体，因事应时教导孩子，孩子个个听话、懂道理，在父母影响下都很优秀，长大后均为邦国有用之才，干出了重要业绩，成了闻名天下的历史人物。

贤妃良妻是太姜

古公亶父能成为大贤圣者，岐下早周的事业能顺风顺水，有众多原因，其中一条就是古公亶父有一位贞顺贤淑的贤内助好妻子，这也印证了成功的男人身后站着一位了不起女人的至理名言。这位不平凡的女人就是"周室三太"——太姜、太妊、太姒中辈分最高的太姜。

太姜是有邰氏的女儿，容貌端庄秀美，品德纯正，性格温顺，智慧超群，性情和蔼，才华过人，遇事颇有主见。还在豆蔻年华之际，了解到古公亶父是位德行不凡、仁慈爱民的大贤良君，就义无反顾远嫁西地，做了古公亶父正妃，成了古公亶父的贤内助，事业的支持者，决策的参与者，在许多家国大事中发挥了重要作用。特别是，当古公亶父为避戎狄侵略，想率族外迁他乡时，邦国内部分歧较大，许多人不愿离土离乡，有的人犹豫不决，在邦国面临是去是留抉择的关键时刻，太姜深明大义，没有庸俗的妇人之见，立高站远，坚定地站在古公亶父一边，鼎力支持夫君的大胆决策，她还耐心细致做其他举棋不定者的思想工作，使不少心有疑虑甚至反对外迁的人转变了思想，加入了迁徙大军。

离开家乡，奔走他方的迁徙之路，充满凶险和诸多不确定因素，太姜时刻陪伴在夫君身旁，遇困难共克服，有喜悦同分享。太姜是古公亶父外迁计划实施最坚定的支持者和积极实践者。在反映先周的史诗性作品《诗经·大雅·绵》中，作者除歌颂古公亶父外，诗中唯一出现的另一个主人公就是太姜，而且作者对这位随夫出征的女性，言语之中透露出难以掩饰的赞叹之情。"爰及姜女，聿来胥宇"，这两句刻意抒写太姜的诗句，明确指出在古公亶父行军的队伍里站着一位意志坚定、英姿勃发的女性支持者，每当重要关头，她和古公亶父同心同向，不但在行军途中，而且在岐下周原建都这件大事中，古公亶父与太姜实地查看确定宫殿选址和房屋走向，检视工程进度安全。诗作通过这些细节描写，反映出太姜在迁徙和新建都城这些大事中的重要作用。一个女流之辈对迁徙这件大事如此积极参与，倾心支持，对统一迁徙队伍的思想，稳定军心民心，毫不动摇跟随古公亶父，过关涉碍，勇往直前和搞好周原新家园建设起到了莫大的作用。太姜是周朝初建的一大功臣。

太姜更是贤妻良母，她自身品行贤良，勤谨温善，相夫教子方法得当，是中国历史上有"母仪天下"风范的第一人，连太史公司马迁在《史记》中都赞扬她是"贤夫人"。

父母是孩子的第一位老师。有怎样的父母便有怎样的孩子。

古公亶父的正妃太姜的了不起，不仅是她参与了古公亶父邦国治理具体事务，为早周奠基和强大作出重大贡献，还表现在她为姬家培育了太伯、仲雍、季历、姬昌等特别优秀的后辈儿孙。反过来说，这几位大贤圣者能成为万世敬仰的楷模，与他们有个好母亲、好祖母分不开。

在周代之后，历代教育家说起家庭教育，太姜是必不可少要提到的女圣人。许多贤达以为，太姜最大特点是"广于德教"。她虽然贵为一国之贤妃，一人之下，万人之上，但她德行完美，始终保持谦逊仁爱亲民的态度，她常常和古公亶父一起亲自下地干活，丝毫不觉得苦和累。

她爱民如子，悉心照顾老弱残疾，关爱婴幼妇女，使岐周境内"斑白不提挈，僮子不犁畔"，爱老护幼蔚然成风，社会和谐，人人安居乐业，令外邦人惊羡不已。

太姜是中华大地启蒙时代，最先注重家庭教育的贤良母亲之一。她教导孩子方法得当，从不简单粗暴、大声呵斥谩骂孩子，而是采取和风细雨循循善诱的方法给孩子讲圣贤故事，让他们慢慢体悟其中蕴含的道理。孩子们自幼就爱围坐在她身旁，听她用柔和的声音讲述"女娲""三皇五帝""大禹""公刘"的动人故事。

当孩子问她："老天为什么发那么大的洪水？"太姜告诉他们说："是因为有恶人做了很坏的事情，老天动了怒，要惩罚人们。"孩子又问："那为什么会有大多数人留了下来。"太姜说："因为有大禹这样德行高尚的为民英雄，才保护了万民苍生。"孩子不解地问："怎样才能修成像大禹一样的德行？"太姜说："修养德行，善心爱心是第一位的，你们要坚持学好人做好事，让善良之心不断成长壮大；同时你们还要讲诚信，守承诺，懂礼数，有规矩；要多包容人，善于成人之美。"受她的良好教育，她的三个孩子太伯、仲雍、季历都成了品德高尚的贤明之人，其中太伯更以三让王位被孔子称为"至德之人"。太姜的孙子周文王更是一位百代敬仰的大圣人。

太伯是个大孝子

古公亶父家风优良，教子有方，教育的三个孩子都是著名历史人物。其中长子太伯的名气最大。

太伯，是吴国第一位君主，吴文化的始祖。太伯自幼聪慧，待人有礼貌，十分听话孝顺。遇事爱动脑筋，处处留心学习，小小年纪就知晓许多知识。年龄稍长，脚手勤快，主动替父母分担事务，抢着干活。太伯还十分体察民情，常常观风于野，发现民间新情况、新动态、新问题，及时告诉父亲，采取处置措施。书载太伯还是《诗经·豳风》重要作者，其中《七月》等名篇就是他创作或加工润色的。

这样一位才华出众的周室长子，还是一位著名的大孝子。他本是周太王长子，应该是继周室君主的第一人选，以他的才情和德行完全配得上君主的位置。但是，他谦虚低调，从未流露首选接班人的骄傲和自豪，时时处处以邦国的大局和父亲的愿望为重，当父母时不时对季历的才华表示肯定特别是对季历之子姬昌大加赞誉时，他常常从心里觉得周室的未来应该交给比自己年轻许多的三弟，况且当时太伯也没有儿子，加之侄子姬昌又十分优秀，所以他暗暗起誓，要促成季历来接班，以保证周室江山长治久安。

不久，太伯明显觉察到父亲有让季历继位的想法，他心里为父亲的决策而高兴。于是，有一次父亲身体欠佳，他便联络二弟仲雍一起去吴山采药。在采药的时候，他诚恳地对弟弟说："父亲为周室事业呕心沥血，操劳一世，我们做儿女的怎样孝敬老人都不过分。现在老人似乎有叫季历继位的念头，我们何不促成这件事情，我觉得顺应父亲的想法就是最大的孝心。如果我们硬要继位，父亲也可能会同意的，但这样父亲的初衷就不能实现，他心里就会不安宁，因为我们的举动让老人心里不舒坦不安宁，我们就不是父亲的好儿子，不是周室的好臣民。"仲雍觉得大哥说得很有道理，并愿意听从大哥安排。

父亲病情好转后，弟兄俩商量去了遥远的勾吴之地，为了表达自己从内心顺从父志，还断发文身，表示要扎根此地再也不会回北方，彻底断掉继位念想，让父亲一心一意培养季历和姬昌。

过了一段时间，太伯在异国他乡听到父亲得了严重的疾病。兄弟俩想，父亲得了病，最思念莫过儿子，作为长子不在身边嘘寒问暖、喂汤喂药精心伺候，就算不上孝顺儿子。虽然这时候，太伯已经在吴国分担着很多事情，也不便于脱身离去，但为了孝敬父亲，他还是毅然撇下手边十分重要的工作，和弟弟一起星夜往回赶。

山高水长，路途艰险，翻过无数险峻的高山，涉过无数江河大川，衣服破了，食物没有了，身体受伤了……凡此种种，都没能够阻挡二人回岐山照顾父亲的步履。他们顺路还采了许多草药，打问了一些医治父亲疾病的单方验方。太伯、仲雍兄弟回到岐山后，看到病榻上的父亲，热泪长流。顾不得身体的疲惫，就连忙为父亲抚胸捶背，昼夜不离左右地伺候在父亲身边。有时候还亲自去吴山，登高缘低，攀岩历险，挖药采果。虽然弟兄们身体瘦了一圈，想尽一切办法挽救父亲，但终究没有救得下年事已高的老父亲。

古公亶父十分英明伟大，为周室强大作出了巨大贡献。但天不假年，就在周室事业蒸蒸日上的时候，古公亶父却永远合上了双眼。这时候，包括季历在内许多人建议太伯继承大位，太伯铭记父亲的意愿，坚决回绝了大家的好意。季历顺利接班。太伯兄弟再一次踏上了南去之路。

后来，因周室事业发展过快，殷商王朝怕其强大后威胁自己的统治，就借故害死了季历。周室又到了王位继承的关键时刻，回岐山祭弟的太伯再一次被群臣和姬昌推向王位，但是，太伯贯彻父亲的意志坚如钢铁。不管人们怎样劝说，执意没有接受众人建议，并辅佐姬昌顺利继承王位，又一次义无反顾地回到了江南荆蛮之地。

远在勾吴的太伯以为，将父亲的仁德之风和岐周先进文化传送到荆蛮，就是顺应父亲愿望，也是尽孝的直接体现。他克服重重困难，积极为当地兴修水利，发展农业生产，开凿运河，造福一方民众，因为给当地带来了翻天覆地的变化而深受民众爱戴和拥护，他还被当地人推举为勾吴国国王。不久，他将自己亲手创立的吴国王位又让给了弟弟仲雍。太伯三让王位的高尚举动，世所仅见，因而被孔子誉为"至德之人"。

太伯三让天下固然有多种原因，但其中最不可忽视的就是他真爱父亲，甘愿自己承受一切委屈，始终如一为了实现父亲的意志而努力，让孝顺父亲落实在行动上，所以从太伯身上可以看到，大德之人首先是个大孝之人。

相夫教子女中圣

崛起于岐下周原的周王朝，自周太王开始，就竖起以德立国的大旗。鲜艳的旗帜下汇集了众多孝子贤孙，贤妻良母，太姜的儿媳妇、季历的夫人、文王的母亲太妊就是著名的大贤大德之人。太妊特别注重孩子教育，而且她还是中华胎教第一人。

太妊又称大妊、太姬，是商朝末期贵族挚任氏的女儿。古公亶父三子季历继位后，为了让商王放心，周国不会威胁到商王的统治，周室主动与商的属国挚国联姻，娶来贵族之女太妊。一个政治性质的联姻，却让周室获得了意外收获，周室娶来了一位大德大贤、宅心仁厚的好媳妇，对周室而言简直是天降大喜。太妊不但容貌美丽，性格温和，而且端庄谨严，恭敬善良，仁德贤淑，自幼受到良好的家庭教育，加上周室贤母太姜的教导影响，更加严守礼仪，从来不做任何违规背矩讨人嫌的事情。

太妊嫁给贤明的季历后，从丈夫那里又学到了许多周室的规矩家法，对自己越发严格要求，越发严守姬家家风家教，特别注重效法婆婆太姜的美好德行，尽力操持分内分外的事情，赢得了宫室上下的一致好评。由于太妊十分聪明贤惠，孝敬公公婆婆，关爱支持丈夫，爱护下人，威望较高，太姜便放心地将后宫交由太妊管理，她不负重托，以身作则，勤劳节俭，走端行正，带动宫廷上下更加风清气正，肃穆祥和。《历代贤后故事》里记载太妊，非常勤俭仁厚，还经常亲自采摘织布原料，缝补衣服。

太妊最可称道的是她是中华胎教第一人。她深知"太子正则邦国正"的道理，深知女人有身孕，必须慎重对待平时所感知的事物，注意自己一举一动，做到"感于善则善，感于恶则恶"。当她怀上长子姬昌后，深知责任无比重大，行事更加严守礼仪，对自己越发严格约束，时刻牢记自己是未出生孩子的母亲，更有可能是周室太子母亲。为了不影响孩子的品行，她克制自己，眼睛不看邪恶的事情，耳朵不听淫逸的声音，嘴里不说傲慢的话语，睡觉时不随意侧身，坐着时身子不偏斜，站立时脚不颠簸，从不吃变味或切割不正的食物，不坐摆放不正的席子，把自己一举一动都与胎儿的发育相联系，认为自己的行动就是孩子的行动，只有时时处处注意自己的一言一行，才能使腹内婴儿受到良好的熏陶教育。怀孕七个月的时候，太妊专门请来宫廷里的盲人乐师，为腹中胎儿诵读优美的诗句，鸣奏愉快的音乐。实践证明，她的心没有白操，功夫没有白费，胎教很有效果，生下的儿子姬昌果然与众不同，十分聪明伶俐。姬昌的出生令太妊非常高兴，她把幼儿教育看得比什么都重要，从一点一滴做起，加强对幼儿姬昌的教育，孩提时他就能"以一识百，举一反三"，成人后更是才华毕现，宏图大展，五十多年就把岐周事业推向鼎盛，而且还推演出享誉千载的《周易》，为人类文明进步立下卓异功勋，是周代历史上著名的大圣人。

太妊上承婆婆太姜开启的姬家家风，下传儿媳太姒，一生贤良勤劳懿德，尊老爱幼，相夫教子，仁德贤淑，博爱众生，并且首开中华胎教之先河。太妊不愧是天下母爱的化身，华人心中伟大母亲的象征，她的高尚情操影响了一代代东方女性，正如古诗所赞：

> 三母宗周谁最贤，承前启后位期间。
>
> 苦修正果施胎教，相夫教子女中圣。
>
> 母仪风范立高标，换来周室八百年。

以孝立国周文王

　　周代是中国历史上以孝道建邦立国的典范。太王以自己的仁德厚爱开周室孝道之先河，太伯、仲雍、季历、文王、武王一脉相传，继承先辈佳风良俗，开创孝道文化新境界。

　　生于岐地的周文王姬昌，对周代孝道形成和发展起到了重要作用。他继承祖父和父亲敬老慈少的优良传统，自小就十分孝顺父母。《礼记·文王世子》记载了这样一个故事：当周文王还是青少年的时候，就自觉一日三次进王宫给父亲请安问好。公鸡才叫头遍，文王就起身，穿戴整整齐齐，走到父亲居住的宫廷外边，问值班的小官员说："昨晚我父亲睡得怎么样？"小官员说："回禀世子，我王睡得很安稳。"文王听了很高兴，便放心地离去。到了中午，忙碌了一晌的文王再一次前去探视父亲。天黑了的时候，他又一次来到父亲榻前，继续不厌其烦地嘘寒问暖。如果父亲王季身体稍有不舒服，起居不正常，饭量下降，睡得不安稳，每当这时候，文王就显得很不安宁，便推掉手头的事情终日守在父亲榻前，亲自护理，唯恐别人有闪失，父亲得不到贴心的照顾。他抚胸拂背，喂饭喂药，把父亲照顾得无微不至，父亲身体不舒服他心里比自己得病还难受。吃饭的时候，文王一定要查看饭菜冷热程度，看到父亲吃得舒坦，他就面露喜色，父亲如果吃得不舒坦，他就心里很难受，表情十分忧郁。直到照顾父亲恢复了健康，他才离去。文王坚持寝门视膳的孝行，还被称作"三时孝亲"，被作为孝顺父亲的代名词，是中国孝道史上的佳话，并排在中国古代二十四孝故事的前列。唐代文学家韩愈《大行皇太后挽歌词三首》中赞曰："一纪尊名正，三时养孝亲。"南朝梁王褒《为百僚请立太子表》中赞曰："问安寝门，视膳天幄。"

　　周文王不但对自己的父亲很关爱孝顺，对岐周所有老人都很敬重，做了西伯侯后就开始在域内推行养老礼老的制度，使境内所有老人，老有所依，老有所乐，老有所养，"斑白不提挈"就是文王尊老孝老的体现，这句话的意思是，凡岐周的人，上了年龄，就可以不劳动，由邦国养老终身，老人还优先享用肉类、丝绸等当时来说的高级生活用品。《孟子·离娄上》称赞周文王实行养老制度说，伯夷躲避商纣王，居住北海之滨，听说周文王治下的岐周善待老弱孤寡，社会清明，就长途奔波投靠岐周。还有天下名士，年过古稀的姜太公也慕名奔赴文王阵营，这就说明天下的老人都很向往文王治下的岐周，老人既然都向往岐周，那么子孙后代传承优良作风也就跟着很向往岐周，如果天下所有诸侯都能行"文王之政"，那么就会天下太平。孟子说的文王之政的重要方面，就是文王良好的待老养老制度。

一代大圣人，由善养自己的老人到善养天下所有老人，由小孝到大孝，体现了先周时期对孝德、孝行的高度重视。周王朝姬姓江山能延续800年之久，原因多种多样，其中文王昌兴的孝道起了重要作用。

母仪天下的太姒

太姒，姒姓，有莘国人。有莘国在今陕西省合阳县东南，是启建立夏朝后，给他的一个儿子的封国。这个国家历史悠久，物华天宝，人杰地灵，出现过众多德才兼备的女性，太姒就是其中的杰出代表。

太姒是一位优秀的女子。因为生得既有才华又有美貌，所以很有名气，许多人都仰慕她。后来嫁给周文王做正妃，太姒无愧才女之国的佼佼者，她给周室带来了许多福祉，其中她生育了许多孩子，个个优秀，她最了不起的是生了两个圣人——周武王和周公，这恐怕在中国历史上是独一无二的现象。

相传，太姒一出生就与众不同，老天不但给予她美丽的容貌，还给了她无尽的聪明智慧。加之生在不凡的家庭，自小接受了良好的教育，所以她懂事理，知礼节，泛爱众，特别尊老爱幼。

当时，在莘国的不远处有个周国，周国有一位叫姬昌的才俊，正做着西伯侯。姬昌年轻有为，德才兼备，天下闻名。太姒对姬昌很仰慕，希望有朝一日能够见到姬昌，并和他永结同心。

苍天不负有心人。正好有一年的春天，姬昌在渭河岸出猎，偶然遇见了美丽的太姒，心里荡起了爱的涟漪，对她美如天仙的容貌惊叹不已。后来又打听到，太姒有德有才，仁爱又懂事理，待人和蔼，生活俭朴，是一位不可多得的优秀女子，姬昌下决心要娶太姒为妃。

两个互有好感的年轻人，经过媒人撮合，两家长辈同意，不久就缔结了姻缘，并很快就看定了办喜事的日子。那时候，渭水没有桥梁，加之当时又是汛期，水面宽阔，水流湍急，要送太姒西嫁，渭河横亘，怎么办？娶妻心切的姬昌，不想等到水浅浪小的那一天，他就别出心裁，动用大量船只，一条条连接起来造成了应急桥，渭河上便横空诞生一座超长的浮桥，太姒高兴地坐着这座"船桥"到了周国，嫁给了周文王。为了迎娶娇妻而不惜费工耗时突击营造一座浮桥，体现了姬昌对妻子的挚爱之情。据说这是中国最早的浮桥，那么，周文王也就成了中国浮桥的发明家。文王娶太姒，方法特别，场面宏大，感天动地，《诗经·大雅·大明》等文献对此均有记载。可见，太姒在文王心中的地位有多么高，也说明太姒的确是位非凡的女性。

太姒嫁给文王后，受到周家良好家风的熏陶，文王祖母太姜的事迹常常在她耳边回响，婆婆太妊的贤德更使她受益良多。加上她德才俱佳，虚心好学，很快就赢得周室一片赞誉，都说周室真是有福气，代代都能娶到好媳妇，简直是老天眷顾。太姒深知自己所处位置的重要，时刻恭敬和睦待人，勤勤恳恳处事，终日辛苦劳作，恪守妇道，把后宫打理得井井有条。太姒还极尽孝道，不管多么忙，都要抽出时间，回莘国看望安慰生身父母，给年迈的老人贴心关怀。

太姒以身作则，践行妇礼妇道，教化身边人员，培养儿子成为非凡之人，她教育孩子的举动被世代称颂，她生的十个儿子都很优秀，长子伯邑考，才华横溢，又十分孝顺父亲，为救父亲，明知山有虎，偏向虎山行，长途跋涉赴羑里救父亲，被商纣王残酷的杀害。次子姬发，继承文王之位，效法文王之行，积极传扬文王宏图大志，为了给父亲尽孝，即使在灭商的途中都不忘祭祀怀念父亲，他把文王的神祇牌位专门供奉在一辆大车上，使包括自己在内的周人，见物思人，时刻牢记文王之教导，奋勇向前。经过一番激烈鏖战，终于推翻了商纣王朝的残暴统治，建立了周王朝。四子姬旦，为巩固祖先基业，他顶着重重压力，辅佐成王巩固江山，吐哺握发，夙夜在公，成王成人后，周公立即还政成王，埋头于制礼作乐，为周室长治久安，为中华民族文明发达作出了不可磨灭的贡献。这样伟大的母亲，被人们尊为"文母"，真是实至名归。

在汉代儒家眼里，太姒简直是女性中的完人，从他们解读《诗经》的观点中就可以看出来。他们认为《诗经》开篇的《周南》11首作品，8篇就是歌颂太姒的。其中《诗经》第一首诗歌《关雎》，是通过描述太姒和姬昌的伉俪之情，歌颂文王的"后妃之德"，其中"关关雎鸠，在河之洲。窈窕淑女，君子好逑"更是歌颂太姒仰慕文王的千古名句；《歌覃》歌咏"后妃之本也"；《卷耳》歌咏后妃辅佐君子之志；《樛木》歌颂"后妃逮下也"；《螽斯》歌咏"后妃子孙众多也"；《兔罝》歌咏"后妃之化也"；《芣苢》歌咏"后妃之美也"；《桃夭》歌咏"后妃所致也"。

为什么一部伟大作品的开场大戏由歌颂女性的作品组成，而歌咏文王等圣贤的作品反而排在后边，其中奥妙实在耐人寻味。对此，司马迁在《史记·外戚世家》中一针见血地指出根本原因："自古受命帝王及继位守文之君，非独内德茂也，盖亦有外戚之助焉。夏之兴也以涂山，而桀之放也以未喜。殷之兴也以有娀，纣之杀也嬖妲己。周之兴业以姜原以太妊，而幽王之禽业淫于褒姒。故《易》基《乾》《坤》，《诗》始《关雎》……夫妇之际，人道大伦也。礼之用，唯婚姻为兢兢。夫乐调而四时和，阴阳之变，万物之统也，可不慎与？"司马迁列举这么多事实，就是要阐述夫妻之道的重要性，夫妻和，家兴国兴；选妻不当，家败国亡。《关雎》所比喻的文王与太姒的结合，是天下无双的夫妻楷模，太姒更是母仪天下的杰出典范。

先周王室"太姜""太妊""太姒"三位女圣人，在岐山这块美丽富饶的土地上，劳心劳力，修德养行，助夫教子，孝老尊贤，爱民体国，以自己的不懈修为，竖起中华优秀女性的不朽丰碑，成为引领女性立德树人的高标。岐山之所以长期被誉为上善之地，礼仪之乡，与数以万计的女性以三圣为目标，默默无闻，勤劳不殆，主里务外，相夫教子，孝老爱亲，和友睦邻，有着密不可分的关系。三圣母一直是岐山女性心中的榜样和力量源泉，长期受民众的尊崇，岐山周公庙、首阳山都建有纪念三圣母的庙宇，每年的庙会上，缭绕不息的香火和虔诚的雨点般的叩头之影，是岐山民众热爱敬仰圣母的写照。

愿千千万万个当代人和后来者，永远敬重效法三圣母的懿德善举，让三位女圣母的优良品德与日月同辉，引领岐山人在家庭建设中做出优异成绩。

孝顺天子周武王

周武王姬发，出生于岐山，长在十分优良的家风环境里。父亲文王、母亲太姒的高尚德行和良好的言传身教，使聪明的武王自幼就尊老孝老明事理，一举一动都以父亲为模仿的对象。父亲对祖父寝门视膳的孝行善举很早就烙印在武王头脑中，他像先辈一样知孝守孝，无微不至地关怀照料着自己的父亲文王。

有一回，父亲文王生了病，武王唯恐对父亲照料不周出现闪失，就无论白天还是黑夜都守在父亲身旁，晚上休息连衣服鞋帽都不敢脱去，无微不至地照料父亲。吃饭的时候，文王吃一口，他才跟着吃一口；文王疼痛难忍，吃不下饭，武王就会立即放下饭碗；文王增添一碗饭，武王也才敢跟着添一碗。这样一直坚持了12天，直到父亲痊愈，武王才从父亲身旁离开。

文王妻贤子孝，德高寿永，享年90多岁，在岐周事业蒸蒸日上的时候离开了人世，武王代父亲做了诸侯。武王为了体现对父亲的孝敬和尊崇，继位后继续沿用父亲的年号。那个时候，商朝的统治者纣王，比以前更加昏庸残暴，天下的百姓，人人对他都恨得咬牙切齿，恨不能食肉寝皮，武王虽然是商的一个诸侯，也像父亲一样忠心拥戴纣王，无奈纣王实在是青蛙被牛踏了一蹄子——浑身没一块好地方。已经天怒人怨，失去当天子基本素质和民众基础。这时候，推翻殷纣王的残暴统治就是顺民心和天意的正义之举。孝顺的武王遵照父亲遗愿，顺应天意人愿，举着体现对父亲孝敬和尊崇的文王的牌位，率领八百诸侯，过黄河、越孟津，浩浩荡荡直击朝歌，终于把殷商王朝打落马下，实现祖辈和天下人的共同心愿。

武王建立西周王朝后，坚持岐周自太王以来兴仁尚德、孝和感恩的治国方略，不但没有虐杀战俘和商朝的遗老遗少，还区分对象给商朝有关人员予以妥善安置。对于参与伐纣的诸侯国和有功人员也论功行赏，给予一系列封赏措施。甚至对于历代圣贤的后裔也给予封赐。《史记·周本纪》云："武王追思先圣王，乃封神农之后于焦，黄帝之后于祝，帝尧之后于蓟，帝舜之后于陈，大禹之后于杞。"武王之所以追封这些圣贤的后裔，是他由衷感到，天下之所以能从远古的蛮荒前行到现在的文明阶段，与这些往圣的功绩丝毫不能分开，武王的这种境界和胸怀，体现了他慎终追远饮水思源的感恩报恩意识和大孝行为。武王的孝行不光是局限于自己家族，而是体现大孝孝于天下的高尚情怀。

武王坚持以孝治国不动摇，对在世和离世的老人都一样充满孝敬之情，对西周的老人实行了一系列孝老关爱措施。对逝去的老人也和在世上一样诚敬，一样有礼节。孔子对武王大孝天下的行为十分赞赏，并由衷地赞扬武王的孝顺是顺天应人之举，是名副其实的"达孝"。

内淑外贤说邑姜

岐山县京当镇，是古周原的核心区。3000多年前，古公亶父离豳奔岐第一站就在这一带。这里周人活动遗址广布，出土了大量青铜器、甲骨文，还有大型宗庙遗址。2021年，在该镇东南部王家嘴村民小组，发现了先周城墙遗址，因为是国内首次发现的西周大型城墙，被列为当年国内十大考古发现之一。2023年，在该镇东北部凤雏村民小组，又发现了先周城墙遗址。从而基本坐实了《诗经·大雅·绵》中古公亶父为首的周部落在岐下周原筑城建邦的事实。

该镇的西坞村北部有个首阳山，传说这里曾是太王建立瞭望哨和训练战马的地方。最有名的传说就是，周初义士伯夷、叔齐因不食周粟饿死此地，因而这里很早就建有二位大贤的墓地和庙宇。在平缓的山顶上过去还建有武王的十臣殿，纪念西周开国的十位大功臣，这十位功臣少不了周公、太公、毕公、召公、毛公等男性，其中很多人想不到还有一位女性，这女人不是别人，就是邑姜。

邑姜，一介女流，何德何能，能够与其他九位功业赫赫、声名震天的大贤们同庙受祭，并且数千年不改。这绝非浪得虚名，其中自有道理。

邑姜不是别人，就是周武王的妃子，姜太公唯一的宝贝女儿。据说姜太公与桃花夫人生邑姜时已经70岁，老树结硕果，英雄暮年得娇女，姜太公自然十分高兴，一直将她视若掌上明珠，时时处处对邑姜耳提面命，言传身教，加上邑姜十分聪明伶俐，所以是当时很有名的智谋过人的奇女子，天生貌美如花，到了适婚年龄，王公贵族求婚者络绎不绝，但被心高气傲的邑姜一一拒绝。

姜太公对女儿的婚事也十分焦急，有一天姬发陪师傅姜太公闲聊，姜太公无意间问起姬发的婚事，并问姬发可有意中之人，姬发在师傅盘问下吞吞吐吐地说，他的意中人就是邑姜。后来，在双方长辈的撮合下，两位非凡之人走到了一起。从此，姬发还亲切地称呼姜太公为师尚父。因享有亦师亦父尊荣，姜太公对周室更加拼着老命作贡献。从一定意义上看，这也许是文王父子通过结亲牢固姬姜联盟的一种政治手段，但无论如何，这一招对周室对姬发而言都是十分英明的举措。岐周得到了一个铁杆的大谋士，姬发有了一位品貌俱佳的绝代贵人。

姬发一点也没有看走眼，邑姜确实是一位了不起的奇女子。

作为女人，邑姜首先是一位好妻子，她不但生活上关心武王，而且全力支持武王的大业。那个时候，文王逝世，岐周事业走到了十字路口，是继续当好商的诸侯国，还是顺应历史潮流，替天行道，推翻腐朽残暴的殷纣王，武王肩膀上的担子很重，他既要继续坚持走文王既定的道路，又要解决新矛盾，开创岐周新局面。武王南征北战，扩大岐周势力，结交天下各路志同道合的诸侯，忙得不可开交。作为王后，邑姜不但尽职尽责，把后宫打理得有条不紊，还主动担责，充分发挥聪明智慧，协助夫君，为武王出征作战做了十分难得的后勤保障工作。武王能在父亲离世后短期内取得伐纣灭商的胜利，邑姜发挥了不可替代的作用。武王曾经深有感慨又不无骄傲地说："予有乱臣十人，同心同德。"意思是说，我岐周光盖世的奇才就有十位，他们个个身怀绝技十分优异、无人能比。武王在这里毫不客气地把自己的夫人邑姜和其他才俊相提并论，可见邑姜在当时才华和人品是十分突出的，有举世公认的奇才。

仁厚贤德、才华超群的邑姜，不但是丈夫的有力助手，还将偌大的后宫管理得井井有条，嫔妃之间和睦相处，上下人团结一心，使武王没有为后宫分心，专心于新兴王朝的治理。

作为一位仁厚的母亲，邑姜对孩子的教育更是成效不凡。历史证明，邑姜也是一位伟大的母亲和祖母，她不但培育儿子周成王、唐叔虞这样优异的明君，还培育孙子周康王。

书载邑姜与武王合婚不久就怀上了长子，即后来的周成王。注重胎教是周室的优良传统，邑姜和太妊一样，十分注重对胎儿的先期教育。《大戴礼记·保傅》记载邑姜说："周后妃任（孕）成王于身，立而不跂，坐而不差，独处而不踞，虽怒而不詈，胎教之谓也。"大意是邑姜有身孕后站立时不歪歪扭扭，坐着时端庄严肃，独处时也不随便蹲坐，心情不好时从不乱发脾气，唯恐不利于体内孩儿的生长发育。由此可见，邑姜是一位品行优良、毅力非凡、母爱浓浓的女性。

邑姜对孩子教育的重视还表现在，当长子姬诵稍微懂事，她就请周公、召公、姜太公三位德高望重、知识渊博的大臣担任成王的老师，分别负责成王身体、德义和知识计谋等技能方面的教育。为了保证儿子健康成长，邑姜还让成王不接触有可能影响成长的表现不好的玩伴，她刻意挑选品行端正、举止优雅、懂礼貌有孝心的孩子和成人伴随成王生活，耳濡目染，循序渐进接受熏陶教育，让其增长知识，养成良好的行为习惯。

邑姜的第二个孩子唐叔虞，三两岁时与哥哥成王姬诵玩耍，玩到兴头上时，成王忽然摘下一片桐树叶子折成玉圭的样子交给弟弟说："给，哥把唐地封给你。"唐叔虞很高兴，就把这件事告诉了周公，周公认真地问成王，成王说自己是和弟弟闹着玩。周公一脸严肃地说："天子地位至尊，每一句话史官都会记录在案，哪能口出戏言？"周成王于是就真的将唐地分给了弟弟唐叔虞。这件事传到邑姜那里，邑姜坚决支持，还再三叮咛成王一定要谨言慎行，不可随性而为。这样一点一滴的教育，对成王成为一位明君起到重要作用。

邑姜也是一位不幸的女性，她年纪轻轻，夫君武王就离开人世，她强忍悲痛，积极与周公、太公、召公等大臣辅佐年幼的成王，平叛乱，扩疆土，稳纲纪，保持了国家的和谐安宁。就在邑姜丧夫之痛还未消失的时候，儿子成王又过早离世，连遭两大不幸，如果是一般人肯定心力交瘁，精神和身体都会被打垮，但是坚强的邑姜，再一次挺起胸膛，又尽力辅佐孙子即后来的康王姬钊。邑姜虽然已经年迈，但是意志坚韧，头脑清楚，以先太后身份和崇高威望，教导鼓励康王，继续发扬先祖风范，尊贤任能，尚德爱民，努力维护和开拓西周势力。康王在位期间，继续推行武王、成王制定的政策，平定东夷叛乱，北征南讨西伐，进一步加强统治，扩大了西周疆域，提高了西周地位和影响力。在邑姜的有力辅佐下，成王、康王时期，天下安定，40多年没有动用大刑，出现了"成康之治"这样的盛世局面。

邑姜无论相夫教子还是理家治国，都表现了非同寻常的杰出才华，也取得了非凡的功绩，但却没有太姜、太妊、太姒那么有名气。有人说，在汉代儒家眼里，在王权和男权的世界里，女人不应干预朝政，因而邑姜的宣传较少就一点不意外了，但不可否认她对西周鼎盛作出的重大贡献不亚于男人，如果没有这位历经三朝的奇女子对成王、康王的言传身教，或许也就难以有名载史册的"成康之治"。

周公家风树楷模

周公旦，姓姬，名旦，是商末周初伟大的政治家、军事家、思想家。他立功立德立言，制礼作乐，被尊称为元圣、文宪王、褒德王，列为影响中国历史进程的100个名人之一。他是岐山诞生的大圣人。清末历史学家夏曾佑说："孔子之前，黄帝之后，于中国有大关系者，周公一人而已。"周公不但在治国平天下方面立下盖世功业，在家训家教家风方面堪为典范，他是中国家训的开山鼻祖。

周公能在家训、家教、家风方面有跨时代历史贡献绝不是偶然的，而是有着深厚的家庭背景和历史渊源。古籍记载，周公的曾祖父母、祖父母、父母亲都品德高尚，家教、家风优良，周公自幼生活在孝顺、和睦、尊老爱幼氛围里，寻常的耳闻目睹，陶冶历练，起到润物细无声的教育和熏陶，思想上留下了深刻烙印。

周公继承先祖良好的家教、家风思想，根据制礼作乐的实际，对祖先的优良传统进行创新，形成系统、全面的周公家训，周公家训的主要内容集中在《周公诫子》之中。《周公诫子》入选中学语文课本，可见国家对其重视和认可，这篇诫子书也是中国家训的开山之作，原文为：

成王封伯禽于鲁。周公诫之曰："往矣，子勿以鲁国骄士。吾，文王之子，武王之弟，成王之叔父也，又相天子，吾于天下亦不轻矣。然一沐三握发，一饭三吐哺，犹恐失天下之士。吾闻，德行宽裕，守之以恭者，荣；土地广大，守之以俭者，安；禄位尊盛，守之以卑者，贵；人众兵强，守之以畏者，胜；聪明睿智，守之以愚者，哲；博闻强记，守之以浅者，智。夫此六者，皆谦德也。夫贵为天子，富有四海，由此德也。不谦而失天下，亡其身者，桀、纣是也。可不慎欤？"

除了诫子书，周公家训、家教、家风思想还有不少论述，散见于他的其他著作中，如《尚书》中的《无逸》《酒诰》《大诰》《康诰》《梓材》《召诰》《洛诰》《多士》《多方》《立政》《君奭》等篇章，还有《周官》《周礼》《仪礼》《礼记》《易经》《爻辞》《诗经》中的多篇诗文。他的这些著述流传久远，对中国数以万计的家庭建设、对千百万中华优秀儿女的成长产生过重大影响，时至今天，许多观点仍有借鉴价值。

周公不但是中国家训、家风、家教的重要创立者，也是优良家训、家教、家风的践行者。他是中华大地一座很少有人可以逾越的道德高峰，是无数人竞相效仿的楷模。他在以下方面均有突出表现。

忠 周公精心辅佐周文王姬昌、周武王姬发；对幼年的周成王姬诵忠心耿耿，甚至帮他穿衣服，是忠君爱国的榜样、国家统一和谐的象征。

孝 《史记·鲁周公世家》记载："自文王在时，旦为子孝，笃仁，异于群子。"《孟子·滕文公下·第九章》曰："无父无君，是周公所膺也。"意思是那些心目中无父母、无君主的人，是周公所要惩罚的对象。《淮南子·氾论训》云："周公事文王也，行无专制，事无由己，身若不胜衣，言若不出口，有奉持于文王，洞洞属属，而将不能，恐失之，可谓能子矣。"周公完成祖父、父亲和兄长未竟的事业，辅佐武王、成王建立、巩固周王朝政权，更是大孝。

信 周公坚守对父兄的郑重承诺，对殷商王朝遗老的郑重承诺，对周朝贵族的郑重承诺，而最大的是坚守了对成王的郑重承诺，把一个经过自己精心治理的大一统国家政权交给侄子姬诵，这与那些争权夺利、互相残杀的人，有天壤之别。

仁 周公对殷商王朝遗民不乱杀无辜为仁，让他们安居乐业为仁，而且把微子启封建宋国为仁，把商朝活人陪葬的惯例改为陪葬动物、器物，更是仁。

义 周公怀柔殷商皇亲国戚，妥善安置殷商遗民，征伐参与反叛的同胞兄弟管叔、蔡叔、霍叔，可谓大义灭亲。

勤 周公"朝读书百篇，夕见七十士"，吐哺握发，呕心沥血，鞠躬尽瘁，死而后已，是勤政的楷模。《孟子·离娄下》第二十章记载：

"周公思兼三王，以施四事；其有不合者，仰而思之，夜以继日；幸而得之，坐以待旦。"

礼　周公礼贤下士，事必躬行，尊老敬贤，谦恭谨慎。

智　周公聪明过人，智慧超群，韬光养晦，在孟津会盟、牧野决战，遭人怀疑、身处逆境、平定叛乱中，都充分展现了他的大智慧、大谋略。《荀子·儒效》说："周公其盛乎，身贵而愈恭，家富而愈俭，胜敌而愈戒。"

勇　周公智勇双全，敢作敢为，临危不惧，勇往直前，在夺取、巩固政权的恶战中一马当先。

博　周公天性聪慧，多谋善断，苦于钻研，多才多艺，不仅有完整的思想体系，还发明了计里击鼓指南车、二十四节气、珠算、汤圆、麻团、帘子、纱罩，首创八宝饭，率先种植茶树并为茶命名。

周公是自觉从事精神生产的第一人。他继承和革新了炎黄以来各种文化传说和夏、商文化，全面制礼作乐，奠定了周朝存续800年和中华传统文化的初基，影响中国几千年，堪称中华文化的始祖。

周公是以德治国和依法治国相结合的先驱，主张德主刑辅，率先提出"敬德保民""明德慎罚"民本思想、"天命靡常""皇天无亲，惟德是辅""和万民""怀保小民""勿用非谋非彝"。

周公是儒学先驱。"五经"《诗经》《书经》《礼记》《易经》《春秋》是儒学的最初经典，是孔子入周问礼后创办私学的教科书。周公是孔子最崇拜的圣人，专程从曲阜到洛阳学习周公礼乐。战国时的荀子在《儒效》中说，周公是天下第一大儒，孔子是第二大儒，"周公、孔子之道为一也"。西汉刘安在《淮南子·要略》中说："孔子修成康之道，述周公之训，以教七十子。"

周公最先提出"天人合一"的思想，成为中国古典哲学的核心和中华文明的精髓。

周公最先提出"父爱子孝兄友弟恭"的伦理思想,创立中国伦理道德的理论体系。孔子、孟子将其发展为"五常"。

周公是制度创新的先行者。"周公成文、武之德,以周道集古圣之成,斯乃所谓集大成也。"(湖北大学王世菊《周公"集大成"略论》)完善、创新分封制、制定嫡长继承制等一系列政治制度。《诗经》曰:"周虽旧邦,其命维新。"

周公功勋卓著,年轻时辅佐父亲周文王姬昌,治国理政,使岐周疆域不断扩大,"三分天下有其二",奠定了灭商建周的雄厚基础。他与太公望、召公奭等贤臣辅佐周武王灭商建周并巩固了政权。他辅佐周成王。周公摄政七年,是他最艰难、最辉煌的七年。《尚书大传》概括记载周公摄政的七年:"一年救乱,二年克殷,三年践奄,四年建侯卫,五年营成周,六年制礼作乐,七年致政成王。"

周公坚持用良好家训、家教、家风思想教育家人和部属,取得辉煌成就。

周公生有八个儿子,在他的教育和引导下,不少表现优异。长子伯禽代周公就封鲁国,临行前,周公语重心长地对伯禽说:"吾文王之子,武王之弟,成王之叔父也,又相天子,吾于天下亦不轻矣。然一沐三握发,一饭三吐哺,犹恐失天下之士。"你到了鲁国,千万不可因是一国之主,就对人骄傲无礼。

周公现身说法,训诫伯禽:我手提礼品登门拜见的有12人,进献给尊长礼品的有30人,以礼相见的士人有上百人,尽心听取意见的上千人,其中只有3人帮助我改正缺点,以定天下。正因为我能敬重来求见我的人,所以隐居在山林中的贤者都出来了。

周公教育伯禽培育谦德,谦以待人。他要求伯禽遵守六种谦德:

宽施恩德而能保持对人恭敬的态度;占用广阔富饶的土地而能生活俭朴;官高禄厚而能保持谦卑;百姓多、兵甲强而能保持畏惧之心警诫自己；聪慧邃智而能以愚鲁的态度去处世；博闻强记，而能以浅薄自谓。

伯禽遵循周公的教诲，把鲁国治理得很好，存续800余年，直至公元前256年，才被楚国灭亡，是传承礼乐最好的诸侯国，有"礼仪之邦"之誉。孔子的成就与他在鲁国受到的教育和入周问礼关系甚大。

周公次子伯羽袭爵周公的太宰之职（相当于后来的宰相或国家总理），世袭15代，至黑肩，被周庄王夺其爵位。至第二十五代姬揭恢复爵位，随周王室迁居洛阳。

周公其他六个儿子均成长为国家栋梁之材：三子伯翀，封为凡国（今河南省辉县）国君；四子伯龄，封为蒋国（多次迁移，均在今河南省内）国君；五子伯羿，封为邢国（先在今河南省内，后迁至今河北省邢台市、山东省聊城市）国君；六子伯翂，封为胙国（今河南省延津县胙城）国君；七子伯翅，封为茅国（今山东省金乡县一带）国君；八子伯翔，封为蔡国（今河南省内）国君。他们都为中华民族的发展进步作出了重大贡献。

周公对年幼的侄子周成王姬诵从多方面进行教育，使成王成为一代明君。周公规劝成王要吸取夏、商兴亡的经验教训。周公要成王牢记先王创业立国的艰辛，以历代先王为楷模，激励周成王继承祖先的事业，把周国治好。周公要成王戒逸乐，恤百姓。不能凭自己的意愿随便改变先王的政令。心胸要宽大，不要"乱罚无罪""乱杀无辜"。"勿误于虚狱庶慎"，避免在狱讼和敕诫方面犯错误。周公要成王健全官制，任用贤人。周公要成王讲究诚信，言之必行。在周公的教育下，周成王成为一代明君，"成康盛世"之"成"即指周成王。

周公对弟弟姬封也进行了谆谆教导，让他任用可任用的人，尊敬可尊敬的人，畏惧应畏惧的人，尊宠人民，使不顺从的人顺从，不效力的人效力，这样才能治理百姓。他要姬封"敬天爱民，尚德重教""明德慎罚""义刑义杀"。保护臣民，"若保赤子"。在周公的教育下，姬封把卫国治理得很好，传41君，享国907年，是存续时间最长、最后灭亡的周朝诸侯国。

周公家训、家教、家风的主要特点：

既有父子之爱、叔侄之亲、兄弟之情，又有君臣之义、长幼之别。作为帝王家教，周公多次以诰的形式教育家人，带有很大权威性，是神圣不可违的。这种诰命是长辈对晚辈的教导，洋溢着血缘亲情，很有感染力。伯禽随康叔他们叩见周公时，进门后小步疾走，上厅堂就跪拜，周公夸奖他俩，并给东西吃，既威严，又慈爱。

教育既有及时性，又有针对性。周公根据长子伯禽的弱点，有目的地系统地教育他遵行六种谦德。侄子周成王幼小时，着重教他为人之道；为成王举行成年冠礼时，祝官按周公之命朗诵祝辞道：君王"近于民，远于佞，啬于时，惠于财，任贤使能。"（刘向《说苑·修文》）对成王进行严肃的君道教育；成王主政后，周公多次教他为人君之道。

教育既有全面性，又有具体性。周公对伯禽的训诫不同于对成王的训导。成王、伯禽、卫康叔都缺乏治国经验，对他们除了诫之以骄怠淫佚外，还要授之以具体治国经验和具体政策。周公还对召公的疑虑进行了诚恳耐心的劝告，"召公乃悦"，与周公一起尽力辅政，还参加了东征平叛，后来继续辅佐周康王。

周公的家训、家教和家风思想，当今仍有诸多借鉴价值：

值得传承。周公家训、家教、家风思想非常值得传承，特别是他的爱国爱家、"敬德保民"、以民为本、"六种谦德"、勤政为民、任人唯贤、戒酒，等等，至今仍值得提倡和传承。

值得学习。周公的家训、家教、家风思想以及他身体力行、率先垂范，谦恭勤谨，"吐哺握发""朝读书百篇，夕见七十士"，严格要求身边工作人员，讲究诚信的作风和言谈举止，如今均非常值得所有人特别是公职人员学习。许多"大老虎""小老虎"和"苍蝇"，之所以违法乱纪，究其原因，是他们不学习、不践行良好的家训家教家风思想、优良作风和高尚品德。

值得借鉴。周公对儿子、侄子、兄弟教育的针对性、及时性、具体性，非常值得借鉴。当今，很多家长和干部不重视对家人、下属的教育，有的方法不当，缺乏教育的针对性、及时性、具体性，效果不佳，有的甚至纵容、暗示其踩"红线"，致使一些人错上加错、小错酿成大错，沦为罪人，银铛入狱，教训极为沉痛而深刻。

（姬传东）

忠君爱亲召太保

召公姓姬，名奭，是周文王的庶子，武王的同父异母弟弟。在庶嫡等级分明时代，在文王有几十个儿子的情况下，庶出的召公能脱颖而出，力压其他诸多兄弟，居于地位显赫的太保职位，一连辅佐几位天子，足见召公德才兼备威望超群，在当时朝野享有崇高的地位。

召公在文王的众多儿子中，以爱民亲民和勤廉著称，是最受中国老百姓爱戴的圣贤之一。他的采邑在今岐山召亭村（原刘家原村），据书载那里汉代就留有纪念召公的召亭和召公棠下诀讼的甘棠树，因而在郦道元的著作里，称召亭一带为"树亭川"，"树"就是甘棠树，甘棠树下是召公听民议、决民讼、理民事的野外办公室，"亭"就是专门纪念召公的亭子。以一棵普通的树和一座平淡无奇的小亭子作为一个地名，足见召公很早时候就威望很高，也说明人们对清官廉吏的敬爱是跨越时代亘古不变的。

召公身上有许多一般人所不具备的品德、才华和胆识，他不光亲民爱民，也深深地爱他的兄弟子侄。武王姬发，是他的哥哥，更是伐纣建周、功业盖世的西周首位天子，也是圣人级别的一代伟人。但是，即使对于这样一位重量级的人物和同父异母兄，召公无所畏惧，处以公心，时常提出规劝的意见。他把给天子提意见可能遭到打击的危险抛在脑后，一心只为赤诚之爱和国家安危，唯恐兄长稍有不慎，酿下大祸，误事误国。

那是在武王取得伐纣大胜，新兴王朝应运而生的大好形势下，天下诸侯对新兴的王朝充满仰慕，趋之若鹜，纷纷顶礼膜拜，八面称颂，四方来贺，天下珍稀瑰宝源源不断送至武王朝堂。遥远的西地有个旅国，在献宝大军中也不甘示弱，千挑万选，送来国宝级宠物旅獒，这只看似凶猛桀骜的动物，却十分聪慧，善解人意，给武王枯燥的生活带来乐趣，使武王身心得到调养，所以武王对这只旅獒十分喜欢，经常与之逗乐嬉戏，以减轻繁忙工作的压力，群臣看在眼里，认为武王闲来逗逗旅獒，开开心没有什么不妥，所以无人制止。

但是耿直为国的召公却不这么认为，作为武王弟弟国之太保，他对武王偏爱一条异域尤物，内心感到十分忧虑，认为长此以往沉迷宠物有可能耽误正事，召公经过深思熟虑，认认真真地拟了篇言真意切的《旅獒》谏文，诚心诚意规劝武王说：要做天下人爱戴的圣明贤王，必须时时处处严格要求自己，注意一言一行，为群臣和他国树立遵循的样板，这样群臣就会拥戴，诸侯就会宾服，不论他在何方都能感受王的威仪，诚心诚意拥护王的统领，当然也会献来各种奇珍异宝，圣明的贤王不会私吞宝物，而是会把宝物分赐群臣和百姓，以体现爱民之心。宝物给别人，有的人会十分珍爱，有的人会弃若敝屣，为什么呢？完全在于王的德行，德行好，人们把你给的东西视作瑰宝，德行不好，人们自然看不上你的东西，哪怕是无价之宝。

召公还苦口婆心地对武王说了德行的重要性，就如何提高德行的问题，他劝诫武王不要轻慢任何人，无论君子还是小人，得罪了君子，就会失去治国的贤俊，得罪了小人，小人就会乘机兴风作浪，给国家造成不必要的损失。召公一句说出千古哲理：玩物丧志，玩人丧德。沉迷于奇珍异宝不可自拔，就会迷失方向，失去前进动力和斗志；玩弄别人，就会人心向背，众叛亲离，辛苦创业得来的成果就会付诸东流。武王是个开明君主，他认真仔细看了《旅獒》，又联想到殷纣王荒淫失德灭国的教训，越发感觉弟弟真心可鉴，说的每句话都有道理，于是下决心处理了旅獒，并把诸侯国朝贡和馈赠礼物分赐给诸侯和有功之臣。此后也更加重视召公的意见建议，更加兢兢业业致力于新兴国家的治理，西周王朝出现一派欣欣向荣的喜人景象。

周武王开国不久就离开了人世，把一个百端待举的新兴王朝留给了年幼的成王，武王知道成王年幼缺乏经验，难以扛起理国重任，就托付周公、召公、姜太公尽力辅佐成王，周公以国事为重，摄政长达七年，这期间召公等积极配合周公，使国家度过了艰难困苦的局面。

周公还政成王不久，溘然离世。召公义不容辞地担负起辅佐的重任，对姬氏家族来说，姬诵是自己的亲侄儿，作为长辈有义务和责任对其进行教育；从国家的层面讲，召公是担负着教导王的臣子，于公于私，召公做得都很称职。

《诗经·大雅·卷阿》据说是召公的作品，所写的内容是召公陪亲政后的成王游历卷阿的事情，这首诗所写的卷阿就在今岐山县周公庙所在地。1999年，中国的一些文物旅游专家发布研究成果认为，卷阿因成王携群臣的这次来游，使这里成了有文字记载的中国最早的旅游景区。这首诗歌写的正是旅游观光这件事。旅游本是一件赏心悦目、放松心情、陶冶情志的愉悦活动，但作为忧患意识浓烈，为国负责，为家负责，不负文王、武王教诲的召公却在这项开心的活动中，不失时机地对成王语重心长地教化，连《诗序》都认为这首诗是"召康公（召公）戒成王"的。召公以诗歌这种礼乐教化的有效方式，用一系列诚恳而感染力极强的语句，规劝成王不要马虎大意，时刻珍爱人才，真正把人才当作国家的宝贝，永远像对待凤凰一样对待有美好德行的各类贤良人才，使他们团结一心，为国家苍生竭智尽忠，保大周人民富足安康、社稷长治久安。这些饱含真情、字字珠玑的诗句，充分体现一个忠臣和尊者老者的满腔热血、拳拳赤诚。

召公秉承武王之志，负责营建洛邑这项重要工程，他亲临一线策划指挥部署，保证了这一旷世工程的胜利竣工。成王兴致勃勃前来洛邑，观看工程盛况，心情异常高兴，在这种人人欢喜空前的时刻，召公也丝毫没有忘记自己的职责，不管成王爱不爱听，又推心置腹地教导了成王一番。这些话语形成文字后就是著名的《召诰》。在西周取得包括建成洛邑这些重要成就面前，头脑十分清醒的召公，不失时机地规劝成王说：作为天子要时刻注意修德养行，"敬天保民"；要时刻尊重老天，不违背自然规律；特别要借鉴殷商覆亡的教训，时刻谨言慎行，不做对不起苍天百姓和列祖列宗的事情，永葆社稷永年，不"坠厥命"。不负召公规劝教诲的成王，兢兢业业，继承先辈志向，使西周王朝列车胜利驶向鼎盛时期。若舍弃《召诰》中训诰者与受诰者政治地位论，单从双方血缘家族关系分析，《召诰》也就是长辈对下一代教诲的家训。

天不假年，成王也没有高寿，在其子姬钊（康王）年龄还不是很大的时候也离开人世。作为祖辈的召公，继续位列朝堂，以高龄之身承担起教王相国的历史责任。顾命大臣召公老当益壮，丝毫没有推卸责任，依然故我，用真诚的心血辅佐新王。《尚书》中有篇叫《顾命》的册文真实反映了这件重要事情。召公在此谆谆教导年轻的康王：要时刻遵守先王制定的各种礼仪，以礼约束言行，切勿任性作为；要善于团结周边各种势力，哪怕是不同族类的人也要积极团结，要安定远方诸侯，团结利用一切可以利用的力量。在召公等大臣规劝辅佐下，康王奋发有为，在位时期，实现了举世公认的"成康盛世"，完成了周先辈的历史夙愿，在中国历史上写下了浓墨重彩的辉煌一笔。

召公初心不改，执着地连续教导规劝三位天子，而且风格极其相似，都是为王提意见建议，不唯上、不谄媚，不对天子一味评功摆好，顺毛拂络，只栽花不栽刺，而是以极其负责任的态度，忠心耿耿，竭力劝王严格要求约束言行，从善改非，尽职尽责，是一位了不起的太保，召公这种行为在中国历史上是极其罕见的一个创举。

劝夫改过的姜后

先周圣贤创立的姬周家风，是周室兴盛强大的法宝。传承好这个弥足珍贵的精神财富，就会家兴人和、国运亨通，否则就会走向反面。周厉王的惨痛教训，从反面证明传承好家风的重要性。

周厉王，姬胡，是西周第十位君主，周夷王姬燮的儿子。他继承王位后，背弃祖训，不守家风礼仪，忘记祖先教诲，任用奸佞，暴虐成性，骄奢淫逸，堵塞言路，拒谏饰非，一意孤行，滥杀无辜，终于激起民愤，引发大规模的"国人暴动"。周厉王众叛亲离，仓皇出逃，死在异地，落了个十分凄惨的下场，这也印证了不听祖辈言，吃亏在眼前，多行不义必自毙的真理。幸亏周公、召公的后代站出来实行"周召共治"，收拾残局，笼络人心，使周的江山得以持续运行。不久，周宣王继承了王位，成了西周第十一位君主。

年轻气盛的周宣王刚上任时，并没有立即吸取周厉王的教训，国运持续颓靡。当时内忧外患，局面令人忧虑。但是作为最高统治者，周宣王执迷不悟，声色犬马，并不想下功夫改变国计民生，所以周宣王初期，老百姓并没有感受到新天子带来的美好生活。

　　好在，周宣王有一位贤明的好妃子，这位妃子与太姜、邑姜为同根同祖，血液中也流淌着先祖的良好基因。姜后看到自己丈夫的所作所为，看到国家的不利状况，心里万分担忧和焦急，她觉得如果任由丈夫这样折腾，稍微才缓上来的国家元气又将毁于一旦，周室的命运说不定就会葬送在夫君的手里。自己身为一国之后，一定要学习祖婆婆的懿范，努力做些有益国家社稷的事情，如果眼睁睁看着江山走下坡路，凭着夫君这样荒废时日，任性妄为，自己也对不起列祖列宗和后辈儿孙。姜后下定决心要说服自己的夫君，让他尽快迷途知返，走上正轨，扛起治国安民的重任。

　　姜后经过认真思考，决定要采取一个巧妙的办法说服教育夫君。春天的一个下午，周宣王从外边游玩回来，兴致颇高，姜后与夫君寒暄一番后，就到内室脱去华丽的服装，卸掉头上、耳上的金银装饰品，急急忙忙走到宣王的房间匍匐跪倒，大放悲声，并请求宣王给自己治罪。这个突然举动令宣王丈二和尚摸不着头脑，宣王连忙向前，一边扶姜后起身，一边问缘由。姜后痛哭流涕地说："大王，您这样整天迷恋吃喝玩乐，游游逛逛，不上朝理政，如果这样上行下效，先辈开创的基业就会地动山摇。目前，国家景况大不如前，任其下去，还将会出现更大的麻烦，弄不好先辈建立的大周就会毁在你手里。大王您这样的所作所为，主要是臣妃没有尽到责任，做好分内事情，我深感罪孽深重，请求大王您一定给我治罪，让我改正错误，让您不再干那些不利于国家社稷的事情，一心一意忙于国家正事大事，让我们的国家人民一天好于一天。"

　　姜后说完这段肺腑之言，继续长跪在地，大放悲声，啼哭不止，把一个当朝天子弄得不知所措。宣王定了定神，一边扶姜后起身，一边仔细想姜后的言行，觉得姜后确实对自己对国家十分真诚，自己作为国君在处理朝政、安抚民众方面的确做得不好，有时甚至还有点混账，还要夫人为自己操心劳神，自己真有愧于夫人，也对不起祖先和苍生。想到这里，宣王不觉羞愧难当，当下向夫人表示痛改前非，重新振作，尽到天子应尽的职责。

自从姜后真心苦劝后，聪明的宣王打起精神，像变了一个人一样，彻底与过去的荒唐行径告别，努力学习效法先辈治国经验，选拔贤能，广开言路，倾听各类治国安民的好意见好建议，开疆拓土，平定夷敌，治理内乱，广交诸侯，宣王在百姓心目中的地位日高一日，国土日广，国立日强，并开创了"宣王中兴"的大好局面。人们说，这与宣王有一个深明大义的贤内助分不开。

周室家教享誉长

出生于岐山的周武王，继承先辈遗风，不懈奋斗，伐纣灭商，建立洋洋八百余载的周王朝。周武王建立的新兴王朝，继承发扬先辈德孝立国立家的优良传统，特别在家庭教育上，吸取夏商家亡国灭教训，弘扬祖父祖母和父母美德懿行，总结先辈经验，丰富完善家风家教内容，为中国数千年家庭教育树立了标杆和样板。《周礼》是周代典章制度的汇集，是周代百科全书式的典籍，备受周人重视的家庭教育在其中占有重要位置，我们从中可以窥见周室家庭教育的主要特色。

一是西周家庭教育的目的十分明确，体系完善。西周家教的目的简而言之就是围绕"忠""孝"二字，给家庭培养孝子，给国家培养忠臣，或者就是为周室子弟和民众修身齐家治国平天下提供智力支持。为了完成这一恒久的教育使命，西周王室在官职设置上，确定专门职位，安排德高望重的贤达承担这一重要职务。日理万机的最高统治者周王，甚至都是家庭教育的决策者和执行者，从史书记载看，西周不少天子既是国家的管理者、领导者、好家长、孝顺儿子，也是家庭教育的首席教师。

在周天子领导下，朝廷设置的太宰、内宰、太保、太傅等高级职务和九嫔等天官与大司徒、师氏、保氏等地官组成系统的教育管理执行体系，负责家庭教育各项教育具体事务。在家国一体的情形下，这些官职的担任者，大多数是周王的重要家庭成员，其工作职责之一，就是对太子等下一代家庭成员进行家庭教育。其中担任保氏的如太保召公等，就负责"六艺""六仪"等教育内容；担任师氏的如太师姜太公等主要负责"三德""三行"，职责分工不同，教育侧重不同，都是为培养德才兼备的人才服务。除了上述天官和地官外，春官在周室子弟教育中也负有一定职责，其中的大司乐、乐师，负责礼乐教育，培养提高周室子弟道德情操和礼乐水平。

二是家庭教育任务担任者又是国家管理者。太宰、内宰、保氏、师氏大多是周王室家庭成员，他们不仅是周王室的教师，也是处理国家事务的官员，具有鲜明的"官与师一体化"特色。这些亦官亦师的身份，决定了其所遵循的教育准则、体系、方法，不单单在王室使用流传，而且还要为全国平民的教育起典范和引领作用，使更广阔范围内的民众能够受到王室家庭教育的影响熏染，从而扩大了教育面，让更多的人接受了教育。在这种自上而下，自宫室至民间，自长而幼的家庭教育方式下，家与国紧密联结，使礼法与文化技能的传授不仅在上等贵族层面，也能渗透到平民之中去，从而受教育面得到延伸和拓展，有效提高了家庭教育的效果和影响力。

三是周室家庭教育内容丰富、全面。周公总结前代教育经验教训，通过制礼作乐建立了空前完备的家教制度，丰富了教育内容。在对王室子弟教育方面，主要突出了道艺、品德、礼仪、言行诸方面。道艺主要为五礼、六乐、五驭、九数、六书、五射。包括了大到军国之礼，小到驾驭算法，十分完备，无所不包。品德在西周家教中占着特别重要位置，培养品德高尚的周王室子弟是教育的目的之一。主要由师氏负责至德、敏德、孝德教育，大司乐负责乐德教育。西周崇尚礼法，因而对礼仪教育十分重视，是每个周室弟子的必修课。由保氏和乐师负责的六礼主要包括祭、宾、丧、军等方面。最后是言行教育，其主要目的是通过教育让下一代言行合乎礼仪要求，特别是语言表达确切得体。在行为上做到"孝行、友行、顺行"。

四是周室家庭教育方式灵活多样。首先注重言传身教。周室年长的家庭成员大多品德完美、知识丰富、知礼懂仪，他们不但教育子弟尊德守礼，自身都是学识品德行为十分优秀的，他们以个人人格力量和行为榜样引领着先进风气，无形中对子孙起到了示范带动作用，这种言传身教在家教中有着难以替代的作用。其次注意慈严相济。周室祖先在教育下一代上并非一味训诫，也很注意因势利导循循善诱，教导孩子守礼仪讲诚信，勤学向善。再次是循序渐进。周室先祖很早就发现对不同年龄的孩子应该实施不同教育，《礼记·内则》对此做了详细规定："子能食食，教之以右手，能言，男唯女俞。六年，教之以数与方名。七年，男女不同席，不共食。八年，出入门户及即席饮食，必后长者，始教之让。九年，教之数日。十年，出就外傅，居宿于外，学书记。"通过这样依据年龄由易到难，由浅入深的教学过程，为子女成长发展打下基础。最后注重胎教。周室圣母是中国胎教的创始者，其先辈为了使包括太子在内的子弟"正"而带动天下风气，从胎儿就开始进行科学教育，其中太妊、太姒、邑姜都是胎教的典范，她们都能在怀孕时做到"目不视恶色，耳不听淫声，口不出傲言"，时时刻刻谨言慎行，为孩子健康发育打下良好基础。

　　总之，周室的家庭教育，既重视思想道德，也重视文化知识；既注重传统美德，也注重日常技能；既重视文备，也重视武备；既符合礼仪规范，也要求注重情感修养。

　　尽管时代飞速发展，历史已经进入21世纪，我国教育正加快向现代化迈进，各级教育已经发达完备，但家庭教育的作用不可替代，重要性仍然不容忽视，虽然我们不必像周代家庭教育那样细致烦琐，但其也有不少可资借鉴处，如"德育""礼仪"等。

第二章 懿德善行代代传

　　3000多年前，周室先圣在岐下周原崇德尚礼、笃仁修善，不但实现了灭商大计，推进了社会进步，而且在家庭、家教、家风方面也留下诸多懿德善行，高风亮节，这笔宝贵的精神财富，为数千年中华大地家和业兴、社会进步提供了重要遵循。无数后来人以先贤为榜样，守孝道、重教子、尚勤廉、崇节俭、懂孝悌、好仁善，以实际行动做"仁义礼智信"的实施者、好家风的传承者，社会风气好转的带动者，促进了华夏儿女修身齐家治国砥砺前行的步伐，他们的所作所为和先圣一样值得人们敬仰尊重，值得我们在家庭、家教、家风建设中传承借鉴。

善育子女

父母是孩子的第一位老师，父母的言行是孩子最好的榜样。传承良好家风家教是父母的天性和职责。要教导子女立志立德立言立行，父母首先要规范约束自己言行，其次要善于运用正确的方式方法，增强教育的效果。父母在孩子幼小的心灵撒什么籽，孩子行动中就会开什么花结什么果。

敬姜教子不忘本

周武王灭商后，分封诸侯，西周功勋周公被封在鲁国，他因为在都城承担重要职责，他的儿子伯禽代替周公管理鲁国。伯禽在鲁国大力推行周公制定的礼乐制度，鲁国一度很兴盛。

鲁国的兴盛与周公子子孙孙的努力分不开，也与鲁国王室有不少好媳妇有重大关系。春秋时期，有位叫敬姜的女性就是其中典型代表。敬姜名字叫戴，是鲁国公文伯的母亲，《列女传》中《鲁季敬姜》一文说："文伯之母，号曰敬姜，通达知礼，德行光明，匡子过失，教以法理，仲尼贤焉，列为慈母。"这段话的确是对敬姜的极高评价。

敬姜年轻时遭遇不幸，丈夫因病过早离世，她不得不独担教子的重任。敬姜在儿子很小的时候就十分重视对其品行的教育，并用自身的优良行动给儿子文伯做榜样。因此文伯自小就很懂事，加上天资聪颖，勤奋踏实，长大后很有作为。

敬姜身份高贵，但是仍然亲自织布纺麻，文伯出于对母亲的孝敬之心，有一天下朝回到家里，他实在忍不住，就对正在纺麻的母亲说："母亲啊，像我们这样的家庭，我觉得您以后就不要亲自干这些活了，儿子能够养活得起您，您这样不停歇地劳作，有些人还以为儿子不孝顺。"敬姜听了这席话，心中有点不是滋味，她觉得必须给儿子认真讲讲缘由。她让儿子坐在自己面前，语重心长地说："我看鲁国大概前途不妙吧，怎么让你们这些不懂事的人当政，连一点大道理都不明白。儿子啊，过去你们圣明的先祖，为了让民众不忘根本，选择贫瘠的土地让他们辛劳耕耘，为了要民众保持艰苦奋斗本色，使国家风清气正，持续发展强盛。"文伯听了母亲的肺腑之言，心有所动，就对母亲说："您说得太好了，儿子愿听得更详细些。"敬姜见儿子有所悔悟，十分高兴，就激动地继续说："宫廷里带头勤劳和节俭，人民就知道勤劳节俭过日子，生活节俭就会产生健康向上的生活态度，社会风气就会越来越好；相反，如果天下人人懒惰，好逸恶劳，只知道安逸享受，不思进取，厌恶劳作，就会丢掉善良和节俭的优良传统，一些坏思想习惯就会暗滋潜长，危害社会。而且自然和社会条件过于优越，人们的劳动就很轻松，人们就会满足现状，缺乏奋斗精神。而在贫瘠土地上日夜劳作的民众，知道收获来之不易，就会守天时、究地理、学礼仪，这样社会基础就会稳固，国家就会长治久安。"

文伯听了母亲的一番苦口良言，深切思悟，改掉了许多不良习惯，严格要求自己，勤谨务实，成了名载史册的贤良之辈。

孔母严教育圣人

孔子是中国历史最为著名的圣人，他的祖辈出身一般家庭，父亲曾经是鲁国一名普通武士。孔子母亲的家族却赫赫有名，其先祖就是周公之子伯禽，也就是说孔母有周公的血脉。据说孔子的父亲当年娶母亲时已经60多岁，而母亲还不满20岁，两人年龄差距很大。

公元前551年9月28日，孔子出生。因为母亲在当地尼山的山丘祈祷时怀的孕，父母亲就给孔子起了个名字叫"丘"，取的字为"仲尼"。"仲"是排行第二的意思，说明孔子还有哥哥。孔子3岁时，父亲就离开了人世，母亲等人将其葬在方山上后不久，就带着幼小的儿子丘离开故乡到文化教育发达的曲阜阙里居住。

由于孔子外公是个饱学之士，从小就对女儿要求严格，教孩子识字断文学礼仪，孔母自小受到良好教育，积累了不少知识，品行也高于一般人。孔母搬家时，将婚嫁时带来的许多书籍运至曲阜，自己有空阅读，还准备孩子年龄稍长一点学习用。

孤儿寡母，家庭生活并不富裕的孔母，在孔子5岁的时候就开始教他习字、算数和唱歌。特别还节省出资金为孔子买了许多乐器，有时候自己吹奏，有时候请专业人士为孔子演奏，让儿子学习模仿，接受启蒙。邻居们对孔母教孩子学文化不太意外，对她花钱让孩子学各种乐器很不理解，认为这毫无用处，白扔钱。孔母对他们说："孩子现在尚小，不懂规矩，但在这样的环境下，天长日久，他就会喜欢这些乐器，并逐步掌握演奏技巧。做人要讲根基，办事要守规矩，无规矩不成方圆，礼乐之器最能体现礼仪和规矩，没有章法就演奏不出动听的乐曲，不知礼守规矩难成大器。让孩子早早接触这些，就能促使他学礼仪规矩，对日后成长有益处。"透过这些可见，孔母是一个懂儿童心理，明白教育之道的有见识的女人。母亲教导有方，加之孔子天性聪明，肯动脑筋，又十分勤奋，小小年纪就已经学完了大孩子的课程，还学会了演奏一些乐器。孔子10岁时，母亲把他送到叫"庠"的正规学堂，那里集中了鲁国最优秀的老师，孔子接受系统严格的教育，学习了诗书、礼仪、乐射御等知识。

孔母教子虽然没有孟母三迁著名，但是作为一个年纪轻轻就成为寡妇的人来说，她能够为了教育儿子而迁居外地、亲自授教，送至名校，广增知识，对孔子成长已经起了至关重要的作用。从这一点而言，孔母是一个了不起的女人，一代圣人之所以伟大，与他有位伟大的母亲有着密切关系。

孟母苦心择邻居

孟子，名轲，邹（今山东省邹城市）人。孟子3岁时就离开了父亲，年龄不大的母亲仉氏不得不独自承担起抚养教育孩子的重任。孟子家庭贫寒，父亲没有留下多少值钱的遗产，仉氏昼耕夜织，勉强维持着家庭生活。

虽然家庭条件不好，但是仉氏却很重视孩子教育。早先，孟子住的地方附近是一块坟地，许多人家埋人过白事，都要邀请吹手班子，吹吹打打的声音常常传至孟子耳里，吸引得年幼好奇的孟子走上前观看，孟子还与孩子一起做游戏，学着孝子贤孙和吹手的样子，哭哭啼啼，吹吹闹闹，玩得不亦乐乎。

孟母看见这个情景，深感忧虑，觉得长此以往，一定会影响孩子。于是就搬到了城里居住，哪里想得到，新住处靠着一个集贸市场，有卖布的、卖杂货的、卖吃食的，还有做陶器的、榨油的。孟子的一个邻居是打铁的，一个邻居是杀猪的，猪的惨叫声和打铁的叮咚声不绝于耳。孟子便时常学着商人做买卖、学着屠户宰杀泥捏的小猪，还装着卖杂货老板的样子与人讨价还价。孟母觉得这个住处也不适合孩子成长，不能居住。

这一回，孟母经过仔细选择，来到邹城一所学宫旁边居住下来。每天学校都会传出来学子琅琅的读书声，谁知道这声音也能吸引孟子的注意力。他经常一有空就跑到学宫门前向里边张望，他看到一群学生安静地坐在下边，老师高高在上，老师教学生念一句，学生整齐地跟着老师的节奏念一句，念上一会儿，还让学生背诵，很有意思。有时候，老师还率领学生演习西周礼仪，时而是祭祀礼，时而是朝拜礼，时而是待宾礼，把一个求知欲很强的孟子看得津津有味乐而忘返，有时还会不知不觉跟着学生一起翩翩起礼。渐渐地，孟子变得爱读书，爱学习礼仪知识，甚至还约来玩伴，用泥巴捏成各种礼器模样，教他们演习礼仪，孟母看到孟子做得有模有样，而且礼仪知识在娱乐活动中不断增进，还自觉识字明理，心里暗暗高兴，并对人说这里才是适合孩子居住的地方。

后来，孟子酷爱学习，积极钻研《诗》《书》《礼》《易》，并继承发展了同乡孔子的学术思想，形成了一整套思想体系，成为儒家的代表人物，被尊称为"亚圣"。他的伟大成就可以说根源就是母亲的择邻而居。

田母教子不贪财

齐国是姜子牙的封国，由于出了不肖子孙，到战国时期齐国的国君已经由姜姓变成了田姓。这个国家齐宣王时期有个丞相叫田稷，是一个有才华、善作为、声望颇佳的官员。他之所以成为一个青史留名的好官，是因为离不开贤良母亲的教育。

田稷自幼家境贫困，缺衣少食，靠母亲含辛茹苦把他抚养成人。田稷也十分争气，凭着自己不懈努力，一直干到了丞相这样的高官。田稷虽然位高权显，但是对母亲却很孝顺。他一边忙于国家大事，一边侍奉母亲，是朝野闻名的清官孝子。田稷俸禄不高，又不贪不占，生活过得很清淡，母亲吃穿用度和普通老百姓没有什么两样，每当看着母亲穿着有不少补丁的衣服，吃着粗茶淡饭，田稷内心甚是不安，想到辛苦一世的母亲却没有享上当大官儿子的福，自己心里也不好受，常常自责自己是个不孝顺的儿子。

有一次，有一位关系很好的士大夫托田稷办一件事情，给了他一些黄金，一来是感谢田稷帮忙，二来让他孝敬老母亲。田稷心里很矛盾，但一想到母亲的贫寒晚年，还是违心地收下了这笔巨资。他兴冲冲地把黄金拿回家交给母亲，让母亲改善生活添置衣物。母亲从来没有见过这么多黄金，就很惊讶地问："儿子啊，你怎么一下子有这么多黄金？是不是做了什么不该做的，得了不应得的？"田稷满脸通红，结结巴巴说出了实情。母亲正色说道："儿呀，你虽然是国家丞相，官高位显，但是在我面前你永远是小辈，母亲在世一日就不能不阻止你的不良行为，看着你走歪门邪道。"田稷赶忙说："儿听您的教诲，把黄金退了就是了。"母亲厉声说道："你是天下人的丞相，应该为天下人做好榜样，应该拒绝一切不义之财，哪怕是朋友的也不应该随便去占用。如果你这样享用不义之财，我就当没有养你这个儿子，你去当你的丞相吧，再不要回来了。"

田稷听罢，大放悲声，叩头不迭，既羞又愧，连夜把黄金退给了那个朋友，并到齐宣王那里请求治罪。齐宣王听了田稷母亲教子退金的事情，大加赞赏，并号召群臣向田母学习，廉洁做事，他还发诏赦免了田稷的罪行。田稷此后，更加严格要求自己，勤勉廉洁从政，成了中国历史著名的廉相。

曾子杀猪明诚信

曾子，姓曾，名参，字子舆，春秋末年鲁国南武城（今山东省临沂市平邑县南武城）人。16岁拜孔子为师，他性格质朴，勤奋好学，能够透彻地理解孔子思想的真谛，深得孔子喜爱。孔子逝世后，积极推行孔子儒家主张，传播儒家思想，位列孔门十哲，被称为宗圣，后世把他的塑像一直奉陪着孔子的塑像在孔庙接受祭祀。

《韩非子》记载：有一天清晨，曾子的妻子要到集市上去买东西，年幼的儿子哭闹着要跟她一块去，她觉得集市太远，儿子走不动，不想带他去，就对儿子随口说："你待在家里吧，妈妈回来后给你杀猪吃肉。"儿子好长时间没吃肉，一听说母亲回来要杀猪，就高兴地答应不跟母亲去。晌午的时候曾子的妻子从集市回来，放下东西又忙其他事情，只字不提杀猪这件事。在里屋学习的曾子，看着妻子没有杀猪的意思，就取了刀子马上要去杀猪。曾子的妻子连忙阻止丈夫说："我不过和孩子开个玩笑，猪还要卖钱，杀了怎么办？"曾子说："大人说话不能哄孩子，小孩子年龄小不懂事，父母一言一行对孩子成长极为重要，父母的话在孩子心里就是真理，你今天跟他说假话欺骗他，他就会对你的言行产生怀疑，以后逐渐不相信你，甚至会觉得骗人说假话没有什么，这样他长大后也就会把说假话骗人不当回事，这不但不是教育孩子成为正人君子的方法，还会对孩子成长产生极大的坏作用。"听了丈夫的话语，妻子觉得丈夫说得很有道理，就与丈夫一起真的把猪杀了，煮肉给孩子吃。

父母是孩子的第一位启蒙老师，父母的言传身教对孩子健康成长至关重要，必须在家里时时处处以身作则，行为世范，潜移默化培养孩子的道德品质。曾子不愧为圣人，他的做法完全正确，他用自己的实际行动给孩子上了一堂生动的诚信课。虽然杀了一口猪，家庭收益受到影响，但从教育子女这件家庭长远的大事情来看，却大有裨益。

曹操教子皆成才

曹操是三国时期著名的政治家、军事家、文学家，也是一位卓越的教育家。在他的精心教育下，四个孩子都很了不起。曹丕文武兼备，能诗会文，治国理政、打仗都取得不凡成绩；曹彰擅长领兵打仗，军事才华过人；曹植才华横溢，七步成诗，文学造诣深厚，深得曹操喜爱；曹冲7岁称象，被誉为"神童"。固然，这些孩子的天赋都很高，但曹操的正确教导也功不可没。曹操教子的可取之处主要有以下几点。

注意从幼儿开始就对孩子进行教育。曹操一生戎马，但对每个孩子都从小时候起就有意识开始文化教育。让孩子从很小就接触《诗》《书》，让他们熟读《论语》《诗经》以及各种辞赋，并给题目，让孩子练笔写作，自己亲自修改提高，曹操建铜雀台时，还让孩子们登台赋诗比赛，其中曹植写得最好。

尊重孩子的兴趣爱好。曹操除了督促孩子完成平时必修课外，还会根据孩子的不同兴趣爱好，因材施教。曹丕喜好政治，曹操便把自己的政论文章交给他阅读研究，培养提高政治能力；曹植喜爱诗赋，曹操专门请诗赋高手进行辅导；曹彰天性好战，曹操便命令他拜著名大将张辽习武。这样从孩子不同兴趣出发的针对性教育，提高了孩子学习积极性，挖掘了孩子们的潜能。

选择名师。曹操深谙"名师出高徒"的道理，他在给孩子们选择老师时，定的标准是"德行堂堂正正"。他把当时颇负盛名的张范、邴原作为曹丕的老师，严令曹丕"凡遇军国大事，定要尊师之意"。还让曹丕给两位老师行尊师礼。

宽严并施。曹操很爱孩子。曹冲生病时，他"食不下咽，昼夜照看"，是个标准的慈祥父亲。但是曹操对孩子的要求也十分严厉，孩子犯了错他毫不姑息迁就，有一次曹植奉命解送军粮，却因喝酒误事，虽然没有造成大的损失，但是曹操仍然罚曹植向众军叩头谢罪。这种宽严并施的理念和做法，既能让孩子感受父亲的关爱，也能让孩子学习到好的德行，主动为自己的错误担责。

让孩子积极参与实践，锻炼增长才干。曹丕5岁时，处于战乱时期。为了让曹丕更好立足于社会，早日独当一面，曹操就教他骑马习武，还把他带在身边，南征北战，经受战火历练。乌桓叛乱时，曹操把平叛任务交给曹彰。曹彰没有令他失望，奋勇杀敌，很快平定了叛乱。

曹操的这些教子之道放在现在也不过时，可以给今天家长教育孩子带来一定启发。

陆游赋诗教子女

南宋爱国诗人陆游，是中国历史上诗作留世最多的文学家、史学家。在金兵南侵，山河破碎的年代，他爱国忧民，为实现抗敌救国的理想做了大量努力。其实这位名震青史的大诗人还很重视家风建设,重视孩子教育。

在百忙之中,陆游从未忽视家风家教,他总结祖辈家风家教经验,专门写下了一则《家训》:"后生才锐者,最易坏。若有之,父兄当以为忧,不可以为喜。切须常加简束,令熟读经学,训以宽厚恭谨,勿令与浮薄者游处。自此十许年,志趣自成。不然,其可虑之事,盖非一端。吾此言,后生之药石也,各须谨之,毋贻后悔。"主要意思是:孩子教育要从小抓起,要让孩子先成人,再成才;要让孩子懂得宽容、厚道、恭敬、谨慎,不让孩子与轻浮人交往;要养成好的习惯,慢慢地就会成才。这则家训,言语平实,深意拳拳,爱子教子之情,溢于言表。他一生留有此类家训20多则,对树立好家风,教育好孩子起到了重要作用。

特别值得称道的是,陆游还写下了大量教育孩子的诗歌,除了人人耳熟能详的《示儿》外,还有《五更读书示子》《冬夜读书示子》等,其中一首很著名。"古人学问无遗力,少壮功夫老始成。纸上得来终觉浅,绝知此事要躬行。"该诗告诉孩子,做学问很艰难,必须从小开始养成好习惯,不懈努力,才能有所成就。作为一名伟大的爱国诗人,陆游念念不忘保国安民,不忘昼夜苦读,不忘持家教子。其利用诗歌这一朗朗上口好学易记的形式教子育子的苦心值得学习借鉴。

陆游教子的良苦用心没有白费,其子女后代无论做官做学问,都能以父亲为榜样,做到了忧国爱民,正直有为。两个儿子均是有名的清官;孙子陆元廷,为抗敌奔走呼号,积劳成疾而死;曾孙陆传义,誓死与敌作斗争,崖山兵败后绝食而亡;玄孙陆天骐在与敌战斗时宁死不屈,投海自尽。满门义士,世代忠烈,就是对陆游家风家训和诗教的最好回报。

左宗棠教子勤耕读

左宗棠是晚清著名的政治家、军事家、民族英雄，号称"晚清中兴四大名臣"。其办洋务兴民族企业，收复新疆，为国家为民族立下卓越功勋。

一生劳碌不停的左宗棠也很重视子女教育。他要求子女不得贪图安逸，要勤奋节俭不怕吃苦，只有吃得苦中苦，才能取得好成绩，做个有用之才。他为家庙和私塾写的对联，充分体现了他注重教子注重耕读的精神，分别是：

要大门闾，积德累善；

是好子弟，耕田读书。

纵读数千卷奇书，无实行不为识字；

要守六百年家法，有善策还是耕田。

左宗棠之所以如此重视耕读，除了先祖有重视耕读的传统外，还因为他出仕前有一段较长的耕读时光，这一段对他习心修性和才能养成打下坚实基础。所以他要求后代延续家风重视耕读，保持农家子弟勤耕田，多读书的优良传统。

同治六年（1867年），他担心孩子们久居城市，会沾上一些好逸恶劳怕吃苦不爱读书的习气，所以他特意写信嘱咐家人："秋收后还是移居柳庄，耕田读书，可远离嚣杂，十数年前风景，想堪寻味也。"

读书耕田，并不单单是让子弟学会种庄稼，获得更多粮食，左宗棠更深刻的用意在于培养子孙自食其力的能力。他告诫家属："我廉金不以养肥家，有余辄随手散去，尔辈宜早自为谋。"他还多次强调不能借上辈余荫坐享其成，更不能仰仗权势作威作福，"断不可恃乃父，乃父亦无可恃。"

左宗棠从不为子孙谋一官半职。在西北主政13年之久，从来没有用过私亲，四个儿子，没有一个留在身边。两个女婿想到他手下来做事，也被断然拒绝。亲戚有许多孩子，他没有安插一个人。很多求他办事的乡亲，都被他婉言谢绝。

家庭孝义

德，在中华文化中是一个闪光的字眼；孝，是中华民族的传统美德。百行孝当先，重视孝和德是中华文明最鲜明的特征。守孝行孝必须做到：满足父母的物质需求；坚持对父母进行精神慰藉；牢记父母意愿，传承老一辈留下的良好家风。

天下首孝推大舜

我国上古时期，有三位被尊为圣人的部落首领，他们分别是尧、舜、禹，他们的帝王之位不是世袭的，也不是巧取豪夺得来的，而是全凭他们至高无上的德行，被人们举荐才获得的。其中，大舜能荣登帝位，一个重要原因就是"至孝"感动天地，被尧帝选为继承人，他的孝行位列中国孝道故事之首，他也是天下第一大孝。

舜的名字叫重华，因为其先辈被封在虞地，又称有虞氏、虞舜，据传是黄帝的第九世孙。其父名叫瞽叟，是个瞎子。

舜的母亲年纪不大就离世，瞽叟便又续娶了一个妻子，生了一个儿子名为象。瞽叟是一个不明事理的"妻管严"，受后妻虐待舜的习惯影响，瞽叟待舜很不好。舜的继母更是一个偏心眼悍妇，不但生活上虐待，甚至纵容瞽叟和象经常欺负舜，不时还想置舜于死地。在这样饱受欺凌侮辱的环境下，舜却实心实意地爱护着继母和瞽叟及象，每天都小心翼翼地侍候着他们，丝毫没有懈怠过，尽管这样无微不至地关怀照料，还常常受到三人的责难，舜不但不反驳辩解，还常常自责，认为是自己哪里没有做好，才惹得他们生气。有时候舜跑到田野里放声大哭，自责为什么自己这么笨，总做不好事情，难以讨得亲人欢心。

但是，在外人的眼里，舜却是一个年龄小，懂道理，有孝心的好孩子。有的人还在那三人面前替舜说好话，让他们善待舜，但狠毒的三个人，丝毫未曾改变态度，还变本加厉地残害于舜，并执意要弄死他。

有一次，舜家的房屋漏水，父亲让舜爬到房上去修理，刚上去还没有站稳，父亲就抽掉梯子，并点火烧房子，想摔死或烧死舜，幸好舜用斗笠护着跳了下来，才幸免于难。还有一次，父亲让舜挖井，挖了快十丈的时候，瞽叟忽然抱起一块大石头丢向井里，想砸死舜，有所防备的舜，躲在早先凿的井壁暗道里才逃过了一劫。

一次又一次遭受陷害，但度过劫难后的舜，不但未生怨恨心理，还依然如故地照料着家人，没有向旁人诉苦，没有采取报复行动，像一位奇人。

舜衷心示孝、善待家人、以德报怨的品质传遍许多地方，连当时天下首领尧帝都被他的善行所感动，他把自己两个才貌双全的女儿娥皇和女英都嫁给他。舜不念旧恶，和妻子一起尽心侍奉老人和弟弟，受到邻里朋友和天下人的交口称赞。

时光飞逝，转眼尧帝已经80多岁了。他让天下人推举能够继承帝位的贤者，众位大臣和天下人众口一词举荐舜，理由是舜是个大孝子有德行，有德行的人一定能守好帝位。于是尧帝便顺天应人，将帝位传给了舜。舜也不负众望，以德化风，以德育民，推进盛世，成了千古圣人。

百里借米孝双亲

子路，名仲由，战国时期鲁国卞人，是孔子得意门生，被后人称为"孔门十哲""孔门七十二贤""二十四孝"之一，作为圣哲，一直受儒家尊崇和祭祀。

子路性情刚直，好勇尚武，曾经对孔子有过不敬言行，但孔子并不介意，还是坚持对他耐心启发诱导，教授礼仪，子路深受启发，拜孔子为师，并以侍卫身份保护孔子周游列国。后来受聘在卫国做官，任内组织修水利，救济贫困，政绩突出，颇受好评。

子路出身卑贱，从记事起，就从事各种力所能及的劳作，精心照顾年迈体弱的父母，维持家庭生计，遭灾时甚至常常吃糠咽菜充饥。有一年春季，由于家里很长时间没有粮食吃，父母亲对子路说，很想喝点稀粥，可是屋里的米缸早已底朝天，附近人家都是穷汉，日子和子路家一样恓惶，想借都无处借。为了满足老人吃上米粥的心愿，他就翻山越岭，走了100多里路，买了半袋子米，没有车子没有牲口，子路只得背着米赶路。一路上既要防止狼虫虎豹威胁，又害怕遭恶人抢掠，胆战心惊，小心翼翼，走了好长时间，吃了不少苦头，才好不容易回到家里。许多邻居都觉得为吃一口米受这么大的罪实在划不来，但是子路看着老人吃上心向往之的米粥却心中甘之如饴。

后来子路依靠自己的本事和老师孔子的举荐，当了大官，地位待遇发生了巨大变化，出门有车马，俸禄过万，穿的绫罗衣，吃的山珍海味。但是，子路心里却实在高兴不起来，他多么希望长时间过父母双全的日子，希望父母能够和他永享荣华富贵，子路思亲孝亲之情，并没有因为父母过世而淡化，反而随着地位升高而加剧，父母逝世后，每逢父母祭日和节日，他再忙祭祀二老的礼仪从未停止过。

孔子对子路这种孝老爱亲慎终追远的情怀非常肯定，孝老固然离不开物质供给，但重要的是必须是发自内心的永久崇敬。

孔门大孝闵子骞

大圣人孔子，一生克己复礼，教书育人，培养了众多优秀弟子，其中有一位以孝行和刚正不阿而受到孔子多次赞扬，他的名字叫闵子骞，是"孔门七十二贤"之一。

闵子骞，名损，春秋时期鲁国人。幼年时，母亲不幸离世，父亲又续娶了一个妻子，还生了两个孩子。继母把爱全部给了自己亲生的儿子，对闵子骞很不好，不是打就是骂，在穿衣吃饭上也极尽虐待。有一年冬天来临，后母用芦花给他做一件薄棉衣，给自己亲生儿却用的是丝绒装的厚棉衣。芦花做的寒衣看起来蓬蓬松松，其实一点也不暖和。有一天，父亲外出，闵子骞负责驾车，因为天气严寒，闵子骞两手冻得直发抖，手里的缰绳都捉不住，一不小心就掉在了地上。父亲看见后很气愤，一边怒骂闵子骞不操心，一边拿鞭子抽打闵子骞。结果一鞭子打下去后，闵子骞的芦花衣被打烂，露出的芦花轻飘飘地四处飞扬，父亲看见飞舞的芦花，才恍然大悟，原来后母给闵子骞做的竟然是这个黑心衣服。当下决定要给这个坏婆娘点颜色看看。

那天一回到家里，闵子骞的父亲不但狠狠斥责了一通妻子，还要休她回娘家，说是再也不愿意见到她。可是，仁义善良的闵子骞却摒弃前嫌，一点不记恨后母，一边连连安慰后母，一边跪在父亲面前动情地说："父亲，您千万不要因为这件事休掉母亲，因为两个弟弟还小，离不开母亲照料啊。你如果休了母亲我们弟兄三个都就没有了娘，没有娘的孩子就要经常挨饥寒受可怜。"父亲看见闵子骞这样仁慈懂礼节，就依了他。继母看见闵子骞这样知礼仪懂事理，替自己开脱，懊恼不已，悔恨知错，从此以后，把闵子骞视若己出，精心照顾，一家人和和睦睦。

后人以为，闵子骞对虐待自己的后母能够不恼不恨，还保持了纯良的爱心，单凭这一点已经十分可贵，够得上大孝，值得人们学习。所以后人把他列为"二十四孝"。孔子称赞闵子骞说："孝哉，闵子骞！人不间于其父母昆弟之言。"后人还专门写诗歌颂他：

> 闵氏有贤郎，何曾怨晚娘？
>
> 车前留母在，三子免风霜。

陆绩藏橘献亲娘

陆绩，三国时期人，东吴的大臣，字公纪，吴郡吴县（今江苏省苏州市）人。在群雄并起，英雄辈出的年代，他虽然没以文治武功而名扬天下，但他却是中国老百姓家喻户晓的著名人物。他的出名除了年少时发过一通宏论外，主要他还是个天下闻名的孝子。

陆绩的父亲，是汉末庐江太守。陆绩6岁时，就随父亲去九江郡（今安徽省寿县）生活。当时袁术已经在寿春（今寿县）称帝。袁术为了笼络人才，经常大会宾客，宴请附近的州官郡守。有一次，陆绩随父亲出席这种宴会，饭前主人摆出许多新鲜橘子让大家吃，陆绩一边自己吃，一边还悄悄往怀里揣了两个橘子。宴席结束，人们起身离席，陆绩随大家一起起身，他有礼貌地去向袁术告辞。哪知道躬身跪拜时，怀里的橘子嘟噜噜掉在了地上。袁术看见后，不解地问："小孩子，橘子尽管吃就是了，怎么还要带点回去吗？"明显有责备的意思。陆绩不慌不忙地说："袁大人，是这样，您准备的橘子又新鲜，味道又好，是橘子中的上品，我母亲身体不好，口里没味，她又很喜欢吃橘子，我想给她拿两个。"袁术和众官吏听后，都啧啧称赞。从此，陆绩怀橘孝母的事情便到处传了开来。

其实，陆绩对父母各方面都很好，又关爱邻居，人们都知道他是个大孝子，当时有举荐孝廉之人做官的制度，陆绩自然被乡亲和父母官举荐做了官。《二十四孝》诗曰：

> 孝顺是天性，人间六岁儿。
>
> 袖中怀绿橘，遗母事堪奇。

木兰从军分父忧

在中国有个家喻户晓的女孩子，她因女扮男装替父从军，演绎了忠孝两全的传奇故事。她的名字叫花木兰，是北魏时期宋州虞城（今河南省虞县）人，是中国历史上著名的孝女之一。

花木兰的父亲名为花弧，曾经当过千夫长，在当时来说也是个不小的军事官吏。花木兰十多岁的时候，花弧就因为年龄和身体原因退职在家，花木兰还有一个年幼不懂事的弟弟。花弧儿女双全，吃穿无虞，平静的生活虽不很富裕，但夫妻和顺，孩子懂事，家庭生活倒也美满幸福。花木兰是家里最大的孩子，从小父亲就把她当男孩子一样教育培养，除了学习织布刺绣外，她还跟着父亲习武练棒、骑马、射箭、舞剑，在当地颇有点小名气。

北魏末年时候，柔然、契丹等族群势力逐步强大起来，为了扩充实力他们不断南下侵扰中原地区居民，为了抗击这些外来敌对势力，北魏朝廷规定每家必须出一名男子上前线打仗抵御外寇。一天，朝廷派人给花弧老将送来书信，建议花弧立即率兵出征，一家妻儿老小都觉得花弧年老多病，想婉言拒绝朝廷文书。但是花弧坚决反对，他说："身为军人，国家有难，怎能袖手不管。"此后，他就重操兵器，开始演练，谁知身体不佳年龄太大，力不从心，没有练习一会儿，就累倒在地，直喘粗气。木兰的母亲说："这样的身体，连自己都跑不动，何谈杀敌，上战场也是白白送死。"花弧连连哀叹，只怪自己身体不争气，辜负了朝廷的一片希望。

看到这种情况，花木兰心急如焚，坐立不安。怎么办，父亲这个状况，谁忍心让他去出征打仗，自己又没有哥哥，而有恩于花弧家的朝廷的旨意也不能违抗啊，况且，国家有难，袖手旁观也不是花家的风格。木兰茶饭不思，陷入深深的焦虑和迷茫之中。要是有个人能替自己家里出征该有多好啊。想来想去，除了自己别无他人可以充这个角色。可是那时候，朝廷并没有招收女兵的规定，自己报名也是白费事。冥思苦想，一个大胆的主意产生，何不男扮女装替父出征。花木兰兴奋地把自己的主张告诉了父母，父母知道前线很艰苦，女儿怎受得了，所以双双反对。但是，催征的文书一天比一天紧，又没有其他办法，只好违心同意爱女乔装出征，毕竟战事大于天。

花木兰自备好鞍马行囊，穿起男儿衣服，雄赳赳气昂昂地参军了。入伍不久，稍事训练，部队就向黄河附近开拔。听到的只有马鸣萧萧，战鼓咚咚。父母亲切的唤女声只能来自梦里。战事虽然紧张，但首次离家的木兰每当午时夜半，不由想起家乡的父母亲人。

艰苦异常的行军打仗，女扮男装和衣而眠的窘迫起居，她遭受了比常人更加严酷的考验。但是这些都没有难住这位非凡女豪杰。她每每冲锋在前，奋勇杀敌，立下了不少战功，长官和士兵都夸赞这位英俊勇武的"好男儿"。

残酷的战争终于结束，胜利的凯歌唱了起来。花木兰和众将士凯旋而归，朝廷论功行赏，有的人升了官，有的人发了财，皇帝问花木兰有什么要求，木兰说，我只要一匹快马，让我骑着回家见我的爹娘。皇帝愉快地答应了她的要求，并派人护送木兰回家。

花木兰胜利归来，父母乡亲分外高兴，杀猪宰羊慰劳这位英雄。

花木兰回到闺房，脱去战袍，又穿起艳丽多彩的女人服装，送行的军人看到男还女身的花木兰惊叹不已，怎么也想不到，和自己朝夕相处、冲锋陷阵的英俊男儿忽然变成了亭亭玉立的美女，纷纷向她竖起佩服和赞叹的拇指。

花木兰不留恋功名利禄，全身而退，孝父养母，留下了忠孝俱全的美誉。

唐代还追封花木兰为"孝烈将军",并设祠纪念。元代刻有《孝烈将军祠像辨正记》石碑,碑文就是朗朗上口的名诗《木兰辞》。

卢氏护母女中豪

卢氏,是唐朝郑义宗的妻子,幽州范阳(今河北省涿州市)人。自幼听话懂道理,做事情守礼仪,懂规矩。嫁到义宗家后,对全家长辈都很尊敬,对所有晚辈非常关怀爱护,对义宗的母亲更是恪守媳妇职责,关心照顾得很周到,郑家老小没有不说卢氏是好媳妇的。

有一年冬天的一个深夜,忽然有十几个劫匪举着火把、拿着刀棒翻进郑家院子里。家里人都从睡梦中惊醒,看到满院都是气势汹汹手帕包头捂脸,只露着狰狞目光的匪徒。许多人吓得失魂落魄,不知所措,纷纷披起衣服逃跑。

这时候,只有义宗母亲年老体衰,腿脚不灵便,难以出逃,吓得缩成一团。卢氏怕劫匪伤害婆母,就不顾一切,冒死跑到婆婆房间,守护婆婆安全。劫匪们翻箱倒柜,破烂东西扔得满地都是,就是找不到值钱的东西。这时候一伙匪徒踢开房门,闯进婆婆屋内,以刀棒威逼婆媳俩拿出银钱。卢氏反抗着说:"家里大小事情,都是我说了算,休得欺负老人,她什么都不知道,何况你们不就是要钱吗,何必折磨恐吓我婆婆?"匪徒一听,勃然大怒,挥起棍棒如雨点般落在卢氏单薄身子上,就这样,卢氏被打得体无完肤,昏倒在地。匪徒也没有得到要掠夺的钱物。这时候,附近许多营救人员一齐赶到,匪徒看到人多势力大,纷纷逃离。

劫匪离开后,家人都回来了。问卢氏为什么不逃走,卢氏说:"人和禽兽不一样处,就是人知道仁义。平时邻里有什么急事,咱还要出手相助呢,在生死关头怎么能丢下母亲自己逃命?"众人对卢氏的义举十分钦佩,更加尊重这位了不起的女人了。她婆婆动情地握着卢氏的手说："人们都说，天气寒冷才知道松柏的气节，还说路遥知马力，日久见人心。现在，我更知道儿媳的贤惠和孝心了。"

孝母得金传佳话

在周礼之乡的岐山，流传着一位好媳妇孝顺婆母的故事，这个故事的名字叫孝母得金。

故事发生在周原之地的礼村，传说这里是周公制礼的地方，村子不很大，但世世代代人们都崇孝道守礼仪，村子和风浓郁，从未出现过虐待父母有伤风化的事情。

相传村子过去，有个刘姓青年，只有母子二人相依为命，艰难度日，家里无钱无家产，儿子快30岁才娶上懂道理的媳妇，人称刘氏。刘氏不但善良贤惠聪明能干，而且还是个很孝顺的媳妇，从来没有和婆婆红过脸，一天变着花样给婆婆和丈夫做可口饭菜，所以三口之家和和气气快快乐乐。谁知，突然天降横祸，结婚不到两年丈夫就因病撒手人寰，刘氏还很年轻，一些媒人纷纷上门提亲，但善良贤惠，把公婆当亲娘的刘氏，想到自己离开这个家庭改嫁，年迈多病的婆婆就无人经管，这样的事情她怎么也做不出。于是，她就坚决留在这个二人之家，耕地纺棉，照料婆婆，家里土地很少，收入微薄，有时候吃了上顿没下顿，生活很是惨淡，不得已刘氏就去给外村一个员外家上锅做饭，换取收入支持家庭用度。

刘氏心灵手巧，做事认真细致，会做岐山许多小吃，特别是擀的面条又劲又薄又光，员外一家都很喜欢吃，员外家大人多，刘氏每天要擀好几案面，和面时手上免不了要留下一些面粉，每次都要用水洗掉。有一次，和完面洗手时，刘氏看着洗手盆底还残余着些许白面糊，她忽然灵机一动，何不把这点面糊拿回去给婆婆做成糊汤，让口粮不足的婆婆喝。她把想法告诉主人后，主人听了也为她的孝行感动，连忙应允刘氏的请求。此后她按照自己的想法坚持去做，过了一段时间喝了麦面糊汤的婆婆脸上渐渐有了红润之色，身体一天比一天精神，还能做些家务活。刘氏看在眼里，喜在心里，她为自己这种一举两得的办法兴奋不已。

谁知，夏天的一个深夜，天上乌云翻滚，电光闪闪，雷声大作，暴雨倾盆，而且她觉得这雷声不住地在自己的屋顶徘徊，刘氏忽然感到心虚害怕。不由想到，是不是自己经常白拿主人面糊，占了不该占的便宜，老天要报应哩。这时候她一心只想保护婆婆，就断然把手伸出窗外，望着黑乎乎的苍天高喊："老天爷，这些都是我的不好，请您降罪于我，惩罚我就是了，千万不要伤害我婆婆。"话刚说完，一声更大的响雷在她屋外炸响，她手里还觉得有了沉甸甸的感觉，她知道老天的惩罚传到了她手里，她可能就要离婆婆而去了。等了好大一会儿，还没有动静，而且天还忽然放晴，星月在天，微风习习。刘氏把有点麻木的手抽回来一看，手里有块黄金在油灯下闪闪发光。

此事很快传遍乡里，人们都说，刘氏孝行善心感动了老天，这黄金就是老天爷对她的褒奖。此后周原大地，尊老敬老风气更加浓厚。

（郑鼎文）

夫妻和顺

夫妻是家中的顶梁柱，在家风传承中起着承上启下的重要作用。一方面要相敬如宾，互爱互敬互帮互学；另一方面要孝敬老人，为孩子树立孝顺的榜样；还有一点，就是要承当起教育子女的责任，让子女身心全面健康成长，使好的家风有序传承，不断发扬光大。

百里奚不忘糟糠妻

百里奚，字子明，春秋时期虞国（今山西省平陆县）人，是我国著名的政治家、思想家。

百里奚自幼家贫，在齐国游学时因为无钱买吃喝，不得不向人乞讨，喜爱人才的蹇叔（今岐山县人）见百里奚气度不凡，谈吐有才气，就收留了他。因为在齐国迟迟得不到重用，百里奚又投奔虞国，被聘为大夫。周惠王二十二年（前655年），虞君不听百里奚的建议，被晋国灭掉，百里奚沦为俘虏，遭遇种种磨难后，被贬为奴隶，为人当牛做马。秦穆公了解到百里奚是个贤能之人，就以五张羊皮的身价将百里奚赎到秦国，拜为大夫，因此号称"五羖大夫"，地位发生惊天变化。百里奚担任秦国丞相达七年之久，勤理政务，推行改革，使秦国大治，遂建霸业。

百里奚在担任秦相期间，有一天他的相府举行宴会。相府中有一位洗衣女佣前去看热闹，远远望去，竟然觉得堂上被人前呼后拥的丞相很像自己的丈夫百里奚，她离得很远，看不太清楚，但凭着两个人的熟悉程度，她感到那人肯定就是自己的丈夫，看到两人天上地下的差距，心里不由难过起来。

这位女仆人，姓杜，30多年前与百里奚结婚，生有一子，两口子虽不富裕，却恩恩爱爱，但胸有大志的百里奚，不安于这种平庸难以施展才华的生活，他一直立志外出闯荡，为国为民干一番事业。但内心又舍不得丢下妻儿，所以一直没有开口，聪明贤淑的杜氏，却看出了丈夫的心思。有一天，她认真地对百里奚说："我知道你很有才华，可以干大事业，你趁现在年轻不出去闯荡，还等什么时候？"在杜氏的好言相劝下，百里奚鼓起勇气，决定背井离乡，外出干一番事业。临出家门那天，杜氏专门杀田鸡熬白菜，劈门扇当柴火，煮了黄澄澄的小米粥为他送别。这样一别不觉就已过了30年，杜氏望眼欲穿，也一直没有等到过百里奚的音信。

百里奚求职的道路漫长而艰辛，直到遇见秦穆公才有了施展才华的机会，他也没有放弃找寻妻儿的努力，但路途漫漫，日月艰辛，时局动荡，却一直没有打探出妻子的音讯。这次宴会偶遇，杜氏既高兴又忧愁，高兴的是，丈夫终于出人头地，干出了名堂；愁的是，三十年分离，两人已经产生了巨大差距，百里奚会不会认自己这个洗衣服的糟糠妻。于是，她在堂下试探性唱道："百里奚，五羊皮，熬白菜，煮小米，灶下没柴火，劈了门扇炖田鸡。"百里奚听到后，又惊又喜，这难道是我的妻子吗？她说的全是送我出门时的景象啊！于是，他连颠带跑赶到堂下，一眼就认出了妻子，激动地说："这难道不是做梦吗？我都以为你在战乱中遭遇了不测。原来你还在人世，真是万幸万幸。"

说毕，二人老泪纵横，抱头哭作一团，70多岁的老夫妻，终于相遇了。当时的场景，让许多在场的人感动得热泪盈眶。

樊姬助夫成霸业

楚庄王，又称熊侣，楚穆王的儿子，是春秋时期楚国最有成就的君主，春秋五霸之一。他一生能够取得重大成就，成为中原霸主，与他有一位聪明贤惠、识事达理的夫人樊姬分不开。

楚庄王刚继位后，整日沉湎于打猎郊游吃喝玩乐，把朝政交给一般大臣处理。夫人多次规劝，庄王却不太搭理。庄王还有个爱吃野味的嗜好，爱吃野味就要常常兴师动众去外面打猎，为了让丈夫专心王事，樊姬竟然决定再不食鸟兽之肉，希望庄王回心转意。樊姬还建议其他大臣积极劝解，在夫人和诸位大臣苦劝下，庄王改掉了不良习气，发愤图强，国家发展出现新变化，人们对庄王评价越来越好，庄王心里很高兴，他知道自己的转变得益于夫人的劝导，就对夫人更高看一眼，还让她主持宫内各项事务。樊姬不负众望，将宫里各项事务打理得井井有条。

周定王二年（前605年），楚令尹因为反叛被诛杀，由谁来担任这一非常重要的职务，是十分重要的决策，后来在群臣推荐下，庄王选任虞邱子出任，此人才华过人，经常废寝忘食与庄王商议处理朝政，深得庄王宠信。

有一天，楚庄王同虞邱子商议朝政，回到家里已是夜深人静。操心丈夫尚未入眠的樊姬，看到丈夫又一次这么晚回家，充满关切地问："今天又回来得这么晚，要注意身体啊。"庄王回答说："我和虞邱子讨论这几天工作，说到兴头上了，不知不觉就晚了。"樊姬问："虞邱子人怎么样？"庄王说："我看是个贤才。"樊姬却说："据我了解不尽然吧。"庄王不高兴地说："虞邱子怎么会不是个贤才呢？又勤奋，又真诚。"樊姬认真地解释道："这固然不错，但作为虞邱子这样重要的角色，他的职责重大，不光是坐而论道，要看他能不能选贤任能，为国家推举和使用大量可用之才，一个人能力再强，怎能取代天下无数贤才，他任职这么长时间，为国家没有选拔和使用一名贤才，国家人才队伍势单力薄，这样的局面怎能利于长远。"

樊姬言真意切的一段话，说得庄王连连点头称是。

第二天，庄王将樊姬的一番话和盘托给虞邱子，虞邱子听罢，也觉得樊姬说得有道理，自己确实才华有限，有负庄王。并下决心为国家挖掘有用人才。随后，虞邱子眼睛向下，遍访群臣，多方打探征询，听说有个孙叔敖是个将相之才，就急忙推荐给庄王。

孙叔敖受命入朝，经过考察试用，果然有经天纬地之才。庄王就把孙叔敖推到令尹的重要位置上，孙叔敖上任后不负众望，整顿军队、完善律令、选贤任能，用了一大批贤能之才，这些隐没已久的人才，感到能为国所用，非常高兴，齐心合力，大胆作为，国家面貌为之一新，很快就成了中原霸主。

举案齐眉爱贤妻

东汉时期，扶风平陵（今陕西省咸阳市）有位名士叫梁鸿，自幼丧父，家道寒微，但却志向高远，品德高尚，学习刻苦，后来入选太学进修，成了一个很有学问的人。

许多人以为，梁鸿日后定成大器，都想把女儿嫁给他，但梁鸿专心学问，迟迟不娶。距离他家不远孟家有位女儿叫孟光，长得十分丑陋，而且力气很大，能把重重的石臼高高举起。每次有人上门说亲，孟光执意不嫁人，30多岁还待字闺中。父母问她原因，她直言不讳地说："我要嫁给梁鸿那样有学问有德行的男子。"梁鸿听后很感动，决心娶孟光为妻子。

成亲那一天，孟光十分兴奋，穿着绫罗绸缎，打扮得珠光宝气，在一片热闹气派的鼓乐声中被迎娶到梁鸿家。祝贺的亲友陆续回家，很快到了晚上，毫无结婚喜悦的梁鸿，独自上床而眠，把喜气盈盈的孟光晾在一边。如此这般，一连7天时间都不愿和孟光说话，使孟光丈二和尚摸不着头脑。孟光实在忍不下去，就跪在地上说："我辞退多少提亲者，一心要嫁给你，没有想到嫁给你后，你却对我冷若冰霜，我实在不明白这是为何？请您告诉我，我到底错在哪里了？"梁鸿说："我没有很高的要求，只想嫁给我的人是个穿粗布衣，能吃苦耐劳的人罢了。可你却衣着华丽，浓施粉黛，这种装束打扮我实在难以适应。"孟光心中暗喜，说道："我其实早就准备了粗布衣裳和纺织耕作的工具，只是你是学问人，我之所以没有告诉你，完全是我不了解你到底是个爱好什么的人。"于是，孟光卸掉首饰，洗去粉黛，在堂前熟练地纺线织布，梁鸿看着做活麻利能干的妻子，不觉笑逐颜开，高兴地说："这才是我梁鸿所要的媳妇啊。"说罢，梁鸿还特意给妻子取了个字，叫德曜，连名带字为德曜孟光，以示对爱妻的尊敬。

不久，夫妻一起隐居于霸陵山（今陕西省西安市西北），以耕织养家度日，劳作之余，梁鸿吟诵《诗经》《尚书》，孟光弹琴唱歌，生活虽然不富足，日子却过得美满幸福。

后来，梁鸿因为所作诗歌冒犯了皇帝，只得改名换姓，移居齐国、鲁国一带，后来又到江东会稽山下，在大户人家舂米为生。艰苦的生活，并没有影响夫妻的恩恩爱爱，每天用膳，哪怕是粗米淡饭，孟光都要把放饭碗的盘子高高托起跟眉毛一样高，以表示对丈夫的敬爱。梁鸿又以礼相还，双手据地，小心翼翼接过托盘，然后两人才开始吃饭，每天如此。这就是后来所说的"举案齐眉"，形容夫妻之间的相互尊敬，相互爱戴。

宋弘善待结发妻

东汉时期，京兆长安（今陕西省西安市）人宋弘，字仲子，汉光武帝刘秀时官至太中大夫、大司空。此人胸怀宽广、爱惜人才，曾向朝廷推荐过30多位贤能之才。宋弘德高望重、博学多才、生活简朴。虽然收入不少，但几乎全部用来接济贫困亲戚和需要帮助的人，逝世后没有留下一分钱的积蓄，光武帝为了表彰他清廉自守的风格，追封他为宣平侯。

宋弘和妻子，自幼结合，多年来夫唱妇随恩爱有加，唯一美中不足的是妻子没有给他生一男半女。按照当时"不孝有三，无后为大"的说法，许多人劝他再娶一个小妾，给宋家续上香火，结果被宋弘坚决回绝。他认为作为有良知的人不应该忘恩负义，不能做不利于和自己同甘共苦几十年的妻子的事情。

正好，当时光武帝的姐姐湖阳公主守寡在家。帮助姐姐解决终身大事是光武帝的一件大事。有一天，光武帝问姐姐，心中可有中意之人？湖阳公主说："我听说宋弘的人品和才情很好，满朝文武都比不上他。"光武帝明白了姐姐的意思，并表态愿意为她做说客。

有一天，下朝后，光武帝把宋弘叫住说有事相商，并让姐姐在屏风后观察情况。宋弘行完君臣之礼，两人都坐定后，光武帝问道："依你现在的地位，能不能再找一个妻子为你生儿育女。"哪知宋弘却答道："谢谢我王关心。但是，自己觉得无论地位高低，贫穷富贵，都不能忘记老朋友，背弃结发妻子。即使妻子已经老得如同糟糠，也不能弃旧换新，另觅新欢。"光武帝通过试探，明白了宋弘的真实想法。便借故转到屏风后面，小声对姐姐说："宋弘的心思你都听见了，这样的人确实值得尊敬，你还是另做打算吧。"

就这样，宋弘回绝了包括皇帝在内许多人的提亲建议，与结发妻相濡以沫，荣辱与共，白头偕老，成就一段夫妻不离不弃恩爱无比的佳话。

刘氏劝夫走正道

刘晏是唐代著名的理财家，他历经三朝，政绩显赫。他有个贤惠有才华的女儿，嫁给了唐德宗时的翰林学士潘炎。潘炎为人朴实德行好，深得德宗喜爱和信任。

潘炎是皇帝跟前的红人，因而巴结攀附的人很多，每天家里都高朋满座，有事求他的人趋之若鹜。潘炎不愿得罪他们，尽量满足来人的合理要求，因而人们都说潘炎是个平易近人的热心肠，但一个人毕竟时间和精力有限，难以应酬周全，再加上皇帝经常召见，渐渐的有些人的要求难以满足，有的人约见也见不上，于是朝野之中说潘炎坏话的不断增多。

刘氏知道这些情况后，心中很是忧虑。她对潘炎说："现在非议你的人越来越多，这是个很不好的兆头，你要注意啊！"

潘炎不以为然地笑着说："谁人人后不说人，要让人不议论是不可能的；有人说我的坏话，但也有人说我的好话，再说皇帝信任我，委我以重任，别人能把我怎样？"

刘氏说："说你好话的都是从你那里得了好处的，如果没有实惠，他们也是诽谤你的势力。你难道没有觉察骂你的人中有些就是也曾经夸过你的吗？皇上固然信任你，即使有些不利你的话语目前不会起到多坏的作用，但如果有朝一日皇帝出现不测，结果怕就不是这样了吧。"

潘炎说："你说的这些，也有道理，不过即使到了那步，我最大不过辞职隐退山林罢了，即使新皇帝我想他不会不批准我的要求吧！"

"你想得太简单了吧。难道你忘了我父亲当年的遭遇了吗？他虽是三朝元老，功业显著，官居高位，可是皇帝听信了谗言，照样下场凄惨。你觉得你的功业官位强过我父亲吗？以我拙见，趁现在皇帝还信任你，不如急流勇退，免得以后出麻烦无法补救。"

"现在言退休，为时尚早，不过我从今往后更加小心就是了。"

有一天，有位大官想拜见潘炎，但潘炎事情忙无法接见。于是就把一大笔钱给了潘炎门人，求其疏通引见。

刘氏知道后，对潘炎说："你和这位官吏都给皇帝办事，现在他要见你一面还要花许多钱，这简直太可怕了，这样下去，后果不堪设想。"

潘炎说："我并没有授意他们给我钱财。这件事我会给这位官员解释并如数退还所给钱财就是了。"

刘氏又说："你地位不一般，别人对你的看法肯定与一般人不同，你未放纵家奴，但家奴却觉得在你府上当差就高人一等，有时候盛气凌人，把一般官员也不放在眼里。一个家奴都敢收别人资金，其他你的亲信和幕僚又能好到哪里去？他们在外边依仗你的权势胡作非为，对这一切抹黑你形象的做法别人会怎么看，他们肯定会把账记在你的头。这样日积月累，最终汇聚爆发，会给你致命一击的。后果十分可怕，你要快做决断，以防不测。"

潘炎听了刘氏很有见地的一席话，认真反思，悬崖勒马，从善改过，谨言慎行，成了一名清官廉吏。

林则徐的贤惠妻

林则徐，字元抚，又字少穆、石麟。福建侯官人，清代后期政治家、文学家、思想家，奋勇抗击外敌的民族英雄。林则徐的妻子郑淑卿则是位非常贤惠的大家闺秀。

郑淑卿出身于官宦人家，父亲郑大谟是清代乾隆年间的进士，担任过几个县的县令，政绩颇佳，甚得民意。郑淑卿生于名门，自幼受过良好的教育，知书达理，识大体，明是非，其为人处世非一般普通妇女所能比。郑淑卿嫁给比她大8岁的林则徐时，林家日子清苦，缺衣少食，与郑家家境很不匹配。但是，郑淑卿却丝毫不嫌弃，不骄纵，义无反顾，脱下华服穿粗衣，下厨房，上田地，任劳任怨，对公婆十分孝敬，是林则徐学有所成出仕做官的贤内助。

林则徐是一个爱国爱家刚直正派的铁血男儿，但他并非一介莽夫，他同样热爱生活，关爱妻子，追求诗意美好的生活。在担任云贵总督时，有一年中秋节，一家人在园中饮酒赏月，林则徐无意中说道："这个地方，这般时候，如果能有几挂宫灯、几棵盛开的兰花该有多么美好。"谁知，言者无心，听者有意。几天后，园中就宫灯高悬，闪烁着诱人的光芒，兰花葳蕤，发散着诱人的馨香。林则徐觉得这景致确实美好，还在妻子面前夸奖。但贤惠的妻子却怎么也高兴不起来，并且她为丈夫欣赏之态颇感不安。她正色对丈夫直言说："这些花和灯确实漂亮，但你心里要明白，这些人如此投你所好，不过是你身居高位，他们有可能有求于你，才故意迎合你，长此下去，你会不知不觉坠入他们的圈套，他们下一步也许会提出非分之请，这时候你可能就下不了台阶，陷入泥潭难以自拔。"妻子的一席话，虽然语气轻盈，却振聋发聩，令林则徐心中惊醒。林则徐不觉后怕，他急忙让人撤去花灯兰草。

自此以后，林则徐时时处处谨记妻子之言，严格约束言行，总结出著名的修身齐家格言"十无益"，即"父母不孝，奉神无益；存心不善，风水无益；兄弟不和，交友无益；行止不端，读书无益；做事乖张，聪明无益；心高气傲，博学无益；时运不济，妄求无益；妄取人财，布施无益；不惜元气，医药无益；淫恶肆欲，阴骘无益"。同时更加厉行节约，把更多时间用在为国效力、为民排忧上，并成为清代历史上很有作为深得民心的好官员。

第三章　治家兴家有良方

中华民族历来注重家庭教育和家庭文化建设，修身齐家是其中最重要的内容之一，关系到家族的兴衰和社会风气的好坏。千百年来，家庭美德和良好家风是支撑中华民族生生不息的重要精神力量。历代贤达之士在修身、齐家、兴家，以及家风建设和家庭文化建设等方面不断努力探索，主动作为，总结积累了许多宝贵的经验和良方，其核心要意是以德治家、以俭持家、以勤兴家、以廉保家，并留下了许多值得我们借鉴和学习的典范，是家庭文明建设的宝贵精神财富，对我们今天修身齐家具有重要的借鉴价值和现实意义。

家风传承

家庭是生命的起点，是梦想启程的地方。没有家哪有国，千千万万个家庭和谐幸福，国家才会稳定安宁。治理家庭必须树立好家规，坚持好家教，弘扬好家风。家和万事兴，是人们向往追求美满生活的愿望，家庭成员必须恪守其责，互敬互爱互信，才能家庭兴、社会兴、国家兴，才能真正实现中华民族的伟大复兴。

孝悌传家琅琊王

"旧时王谢堂前燕，飞入寻常百姓家。"这是唐代诗人刘禹锡《乌衣巷》一诗中的名句，其中所说的王，是指魏晋南北朝时琅琊地区的王氏，王氏一门人才辈出，兴盛数百年，其中有两位人物很有名，他们就是王祥和王览。

中国著名的"二十四孝"中，有个"卧冰求鲤"的故事，说的正是王祥。大意是，王祥小时候父母亲身患疾病，王祥衣不解带，昼夜侍候，每次煎了药他都要先尝尝，热凉合适时才喂给老人喝，担心过热烫了老人，过凉伤害了老人。有一年冬天，天寒地冻，王祥母亲却说自己想吃新鲜鲤鱼，其他人都认为这是不可能的，寒冬哪里有鲜鱼？但王祥一心想满足老人的要求，他脱下衣服，趴在寒冷刺骨的河面，终于融化了坚冰，一双鲤鱼跃出水面，王祥喜出望外，顾不得严寒，赶紧把鲜鲤鱼带回了家中，了却了母亲心愿。

这个故事中的王母其实还不是王祥的亲生母亲，而是经常虐待王祥的继母朱氏。这个朱氏常常给王祥找碴，甚至想置王祥于死地。但王祥的异母弟弟王览却很爱王祥，经常想方设法保护哥哥，每当母亲殴打王祥时，王览就会挺身而出，哭闹着保护哥哥，不让母亲朱氏得逞。有时候，朱氏故意使唤王祥做这做那，这时候，王览就会争着与王祥一块儿去干活。长大以后，王祥娶了妻子，朱氏像对待王祥一样照旧虐待王祥妻子，这时候，王览的妻子也甘愿和王祥的妻子一起受虐待。朱氏想用毒药毒死王祥，王览一点不害怕，奋力从母亲手里夺过药碗，要往自己嘴里倒，朱氏害怕亲儿和媳妇被毒死，打那以后逐步收敛，不再虐待王祥夫妻了。

王祥临终前，留下《训子孙遗令》，为王氏家族立下了家规，其核心内容就是要求家庭要提倡和坚守孝悌伦理。王祥的后代中许多人遵从先人立下的家规，有的子孙还根据实际修改完善家规，如王僧谦作的《诫子书》，王褒作的《幼训》，王筠作的《与诸儿书论家世集》，都贯穿了孝悌传家的思想。在这些家规家训指引下，王氏一门人才济济，英贤辈出，其中官居宰相的就达90余人，在各个领域很著名的数以百计，其中包括王导和王羲之这样顶级的人物。

治家有方的穆宁

穆宁，本姓丘，穆陵氏，怀州河内县（今河南省沁阳市）人，鲜卑族。唐朝时期官员。他全家上自父母、姐弟，下至四个儿子之间，都是和和睦睦，相亲相爱，是那时十分有名的和睦友善大家庭。

穆宁的父亲穆元休是个博学友善之人，当时享有较高威望。因为向唐玄宗献计献策很有见地，深受器重，被擢升为偃师丞。穆宁本人性情刚正，有气节。初任盐山县尉，就遇到安禄山、史思明叛乱，他虽然官职不高，但积极募兵拒敌，先是斩杀被安禄山所封的景城守官刘道玄，后又坚决拒绝史思明要他去山东东光当县令的任命。当他知晓平原太守颜真卿决心抗击叛军时，便将全家老小拜托舅舅照顾，自己只身前往，听凭调用。并慷慨陈词："我一心抗击贼寇，无所顾忌，愿意杀身成仁，舍生取义，随时听您安排，赴汤蹈火，在所不辞。"颜真卿为其赤胆忠心所感动，随即委任他为河北采访支使。从此，穆宁积极配合各路官军，奔走于河北、徐州、鄂州等地，风餐露宿，浴血奋战，立下了不少战功。

"安史之乱"平息后，朝廷论功行赏，穆宁先后被任命为监察御史、和州刺史和秘书监。他不但为官正直清廉，治家遵规守训，孝老爱亲，还对守寡的姐姐关爱有加，服侍照顾极为周到，受到时人嘉许。为了教育四个儿子，他依据先贤的教谕，写成一部家书，要求每个儿子各抄写一本，时常温习诵读，按家书要求行事。他时常叮嘱孩子说："古代君子，在孝顺双亲时，不光只照顾衣食住行，最主要的是自己忠贞正直，努力作为，有所成就，这样才能不辜负老人愿望，使老人心情舒畅。如果胸无大志，碌碌无为，甚至走歪门邪道，即使给老人吃着山珍海味，那也算不上一个孝顺儿子。"

由于穆宁治家有方，教子有道，所以他的几个儿子都有德有节，言行举止合乎礼仪，均取得了不凡的成就，大多担任很重要的官职。长子穆赞官至侍御史、玄歈观察使；二子穆质官至给事中、开州刺史；三子穆员官至东都佐史；四子穆赏也担任了重要官职。孩子们处事刚正廉明，颇显父辈风范。

穆宁的孩子，都能信守父谕，友爱诚笃，互帮互助，和睦友善，朝野上下，无不仰慕钦羡。家乡的亲友更是称颂不已，说他们兄弟就像一件件珍贵的食品：称穆赞是"奶酪"，甜美可口；穆质是"酥"，又松又脆；穆员是"醍醐"，甘醇馥郁；穆赏是"乳腐"，余香芬芳。

穆宁一家，在当时堪为模范之家。

兄弟争先受刑罚

孙棘，是南朝宋孝武帝大明间人。当时，为了应对外敌入侵，朝廷经常征召壮丁去防卫边疆。孙棘有一个弟弟孙萨应征充军，但是由于天雨，道路泥泞，耽搁了时间，没有按时到达预定地点。根据当时军法，被判入狱。

这时候，孙棘的妻子对丈夫说："你是一家之主，怎么能眼睁睁看着弟弟被逮捕法办，受牢狱之灾呢？妈妈临终时，要我们照顾好弟弟，可是现在他连家都没有成，反而被送进牢房，这怎么是好？你还是赶快想办法吧。"于是，孙棘就急急忙忙赶到郡里，表明自己愿意代替弟弟受刑，请放了弟弟。孙萨三岁起就和哥哥相依为命，亲密无间如一人，他的成长受到了哥哥无微不至的关怀照顾。因此，真挚的感恩之心使得孙萨坚决不要哥哥替自己受苦受累。便说自己犯法受刑，理所应当，合情合理，再说自己完全能承担起这个责任。

看着兄弟俩为受刑坐牢争得不可开交，谁也不愿意不受刑，这时候，太守张岱怀疑他们两兄弟是不是真心实意，是否是在演戏给人看。为了弄清事实真相，便将二人安置在不同地方，分开来接受审问。结果两人的态度还像以前那样坚决。当官吏审讯孙棘时说："已经问过孙萨了，他同意你替他受刑。"孙棘听后，丝毫没有异样的表现，坚决要替弟弟受刑。当问到弟弟时，弟弟也坚定地表示自作自受，坚决不连累哥哥。官员回报太守时说："准许他们的请求时候，他们都一副欣悦的表情，都心甘情愿，毫无虚情假意。"

没办法，太守张岱只好禀告朝廷裁夺，皇帝下诏说："孙棘和孙萨虽然都是普通百姓，却有如此高尚的品行，所以应该宽大处理。"最后，特别恩准赦免了他们。

三槐堂前好家风

王旦，字子明，大名府莘县（今山东省聊城市莘县）人。北宋初期名臣。他的父亲叫王祐，因为谏议朝政得罪当朝皇上宋太宗，没有得到重用，有点生气，就在自己家门前栽了三棵槐树明志，并立志说，我的后辈儿孙中一定要出三位公卿。后来王氏这一支就以"三槐堂"为堂号。三槐王氏的后代，果然不负祖望，出了不少人才，其中最重要的要算王祐的儿子王旦。兴国五年（980年），王旦登进士第，曾任同知枢密院事、参政知事等。

王旦才华出众，政绩卓显，颇得朝野嘉誉。作为朝廷命官，身份地位显赫，政事繁忙，但他丝毫不放松家风建设，努力营造和谐家庭氛围。他在为"三槐堂"王氏所立的家训中写道："为臣必忠，为子必孝，为兄必爱，为弟必敬，为妻必顺，毋徇私以伤和气，毋因私故以绝恩义，毋惹是非以扰门庭，毋耽曲蘗以乱德行，有一于此，是悖祖宗教训，族共责之。"他不但这样要求家庭成员，自己还以身作则，居家时他从来不发脾气，斥责别人。家人要试探他，就故意在他肉汤里投了些灰尘，想激他发怒，王旦看清后，只一味吃饭不喝汤。家人问他为何不喝汤，王旦说："今天不想喝汤。"家人第二次试探时，连王旦吃的饭也弄脏。王旦仍然没有发脾气，也没有追查原因，只是轻轻地说："今天不想吃米饭，可以另弄些稀饭来。"

王旦和弟弟王旭关系甚好。有人买了一个玉制的腰带，弟弟看到这东西很漂亮，就送给哥哥王旦系，王旦又还给弟弟让他系上自己看看，并且问弟弟，你看这玉带好不好，弟弟说自己系着怎么能看清楚？王旦说："自己系着重重的玉带却为了被别人看，让别人羡慕称赞，这不是虚荣吗，又何必要呢？"王旭听了哥哥一席话，明白话语所隐藏的深意，赶快卸下玉带给人送还。

在王旦的影响下，王氏后代英贤众多，能者辈出。王家子侄辈载入《宋史》有传者就有十多人，不是官吏就是大学文人，个个和王旦一样都清廉正直，得到时人好评。

现在，全国王姓中有40%的人自称"三槐堂"后代，认王旦为老祖宗的后裔成千上万。这说明了"家和万事兴",厚德之人自然福泽绵长,根深叶茂。

兄友弟恭情义浓

苏轼和苏辙两兄弟才华出众,同属于"唐宋八大家",一千多年来享誉中华大地。同时两人一直互相关爱互相支持,情深谊重,是兄友弟恭的典范。兄弟俩从小同吃同住同学习,没有一日分离过。苏辙说:"小时候跟着哥哥跋山涉水,有危险哥哥总冲在前面,尽量保护我的安全,唯恐我受到一点伤害。"他写了一首赞颂哥哥照顾弟弟,弟弟感恩哥哥的诗歌,其中著名的两句是:"自信老兄怜弱弟,岂关天下无良朋。"

1061年,24岁的苏轼来凤翔出任签书判官,是苏氏兄弟第一次分离。弟弟苏辙从京城开封为他送行,走了很长的路程送到了郑州,才依依不舍地骑马返回。苏轼看着弟弟渐渐远去的背影,心里很不好受,就写下了《辛丑十一月十九日既与子由别于郑州西门之外马上赋诗一篇寄之》,诗中写道:"登高回首坡垅隔,惟见乌帽出复没。苦寒念尔衣裘薄,独骑瘦马踏残月。"短短几句朴素的语句,写出了离愁,道出了关爱弟弟的惆怅情怀。

1079年,苏轼因为给宋神宗写了篇策论文章,因一些过激话语被反对派污蔑为对皇帝不忠诚,逮捕入狱,多人受到牵连。率直刚正不阿的苏轼在狱中悲愤欲绝,几度欲一死表达清白和愤懑,可是每当想到如果自己离世,与自己心心相连的好兄弟苏辙也说不定不会独生,只得放弃轻生念头。一天,平时给他送饭的大儿子苏迈去筹钱,父亲曾经约定"若有不测,则送鱼",临时代为送饭的人不晓得这个情况,无意间给苏轼送了一条熏鱼。苏轼看到熏鱼悲声大放,自料必死无疑,满怀真情给苏辙写下了两首送别诗,宋神宗读了这两首佳作后,为其才华和真情所感动，其中最为著名两句是："与君世世为兄弟，更结来生未了因。"

生死患难显真情，苏辙读了这两首感情真挚蕴血含泪的诗作，热泪奔流，奋笔疾书朝廷，希望赦免哥哥，这个请求不但未被应允，苏辙还遭受株连，被撤掉了官职。苏辙明知道会有这个结果，但他为了救助哥哥对一切都无所畏惧。哥哥入狱，苏辙把哥哥的家小接到自己家里，同甘共苦。

1011年，历经几次沉浮，遭受无尽磨难的苏轼在常州逝世，享年66岁。苏辙遵照兄长遗愿，长途奔波，将哥哥灵柩运至河南郏县安葬，亲自撰写《东坡墓志铭》，其中有："扶我则兄，诲我则师。"11年后苏辙也病逝，按他意愿，家人把他和哥哥苏轼安葬在一起。

母慈妻贤家和谐

在历史悠久的文化名城福建莆田，提起人才辈出的蔡氏无人不晓，就是这个蔡氏仅宋代就出了50多名进士，有官职者100多名，并有"一家三宰相""一门五进士"的科举佳话。清代时候，这里有一对叔侄蔡世远、蔡新，分别是乾隆、嘉庆的老师。蔡世远当帝师10多年，蔡新当帝师更长达40多年，被赞为"一村两帝师，叔侄皆名臣"。蔡氏声名显赫誉满梓里和其良好的家风关系密切。

这个家族男性大多德礼俱佳，女性则贤惠者众多。蔡世远的母亲吴太君一生贤淑孝德，含辛茹苦养育了三个儿子，一个高中进士，两个是举人。她常常教诲孩子说："你们要待人诚实谦和，用廉洁修炼德行，不要盛气凌人，不义之财一分钱都不要拿。"蔡世远每月都会往家里带些钱财，吴太君对每项收入来历都要问个明明白白，唯恐儿子获得不义之财。当时的漳州郡守魏公了解到吴太君的高尚德行后，很受感动，亲自撰写"陶欧淑范"匾牌题赠，以示褒奖。

蔡世远兄弟十多口人，一大家一直住在一起，他的夫人刘氏总管家政20多年，任劳任怨，出于公心，过手财物数额巨大，从来不私攒一分一厘，一家人和和睦睦，从未红过脸，闹过纠纷。蔡世远考中进士后，其兄弟商议要给刘氏雇个婢女，协助她的工作，她坚决制止。后来蔡世远去京师做官，次年又生育了个女儿，有人想给孩子请个奶娘，刘氏再次拒绝，她说："我生育了几个孩子，一直是自己喂养，现在夫君虽然有了俸禄，但怎么能让我改变多年养成的育儿习惯。"

蔡新的母亲林太夫人，两个儿子中进士，收入不菲，但她依旧保持节俭生活，清贫如故，没有一点官人老母养尊处优的样子。媳妇劝她说："您为抚养供给儿子，受苦受累一辈子，现在有条件了，应该享享清福。"她说："长期劳作闲不下歇不住，何况身子骨又没有毛病，何必闲坐着叫人伺候，再者咱家人口众多，儿辈不贪不占，收入有限，我们都得过清贫日子才是。"乾隆皇帝对蔡氏的举动大加称赞，御书"欧荻延禧"匾额，赐赠蔡氏，褒奖她的懿德。

蔡新妻子何夫人，身为帝师家眷，不骄不躁，端静勤谨。蔡新当大官后，何夫人携子女随夫进京居住，凡是子女衣服鞋袜都是她自己亲手缝制。进京几年后，又生了一个儿子，还是她亲自奶养，坚持不请奶妈。何夫人总理家务，凡事必精打细算，绝不乱花一分钱。一有空就教导孩子学知识做家务，教婢女学习纺织。

注重家风的曾国藩

曾国藩，初名子城，字伯涵，号涤生。晚清政治家、战略家、理学家、文学家、书法家。道光时期进士，曾任内阁学士、两江总督等要职，与李鸿章、左宗棠、张之洞并称"晚清四大名臣"。封一等勇毅侯，谥号"文正"，后世称"曾文正"。曾国藩身居要职，执掌军国大权，是万人敬仰的显赫之辈，但却居高不敖，躬行儒学，注重操守，俭约自守，并注重家风家教。

曾国藩曾祖父，虽然只是一个富裕乡绅，但却治家有方，并亲自拟订对曾家后世影响深远的八字治家信条，即"早、持、考、宝、书、蔬、猪、鱼"，前四个字的意思是早起、打扫清洁、诚修祭祀、善待乡邻。后四个字就是读书、种菜、养猪、养鱼，树立爱学习勤劳动习惯。曾国藩自幼就受到良好家风熏育，在加强个人品德历练同时，十分重视家庭教育，始终把教育子弟作为一项重要职责任务，重点加强对子弟身心砥砺，提高子弟道德品质，使他们做到"慎独""孝""友""仁""敬""谦""恕"。并通过坚持修身锻炼获得担当大任的健康体魄。曾国藩时刻要求子弟要言谈举止朴实，待人谦敬、宽容，为人不能过于清高，更不能刻薄，生活上要去奢靡铺张之风。为了达到这个目标他提出修炼身心需注意的"八德"（勤、俭、刚、明、忠、恕、谦、浑）、"八本"（读古书以训诂为本，作诗文以声调为主，养生以少恼怒为主，立身不以妄语为本，治家以不晏为本，居官以不要钱为本，行军以不扰民为本）、"四条"（一曰慎独则心安，二曰主敬则身强，三曰求仁则人悦，四曰习劳则神钦）、"四败"（妇女奢淫者败，子弟骄怠者败，兄弟不和者败，侮师慢客者败）。

曾国藩恪守家规信条，自己和家人生活节俭朴素，他在南京担任总督时，他的夫人和儿媳每日还坚持纺纱织布，缝补衣裳。

勤俭持家

"历览前贤国与家，成由勤俭败由奢。"勤劳是立身之本，节俭是持家之宝。节俭是一种优良的美德，既是对自然资源的爱惜，也是对劳动成果的尊重。勤劳节俭获取的财富最值得尊重也最宝贵，只有节俭才能细水长流，才能传承中华民族优良传统，才能远离奢侈腐败，才能家和国兴民安乐。

循吏孙叔教喜节俭

孙叔敖，芈姓，名敖，字孙叔，春秋楚国时期思邑（今河南省信阳市淮滨县）人，曾任楚国令尹，是权力仅次于皇帝的朝廷重臣。司马迁在《史记》《循吏列传》中把他列为第一人。他虽然任高官时间长，对楚国兴盛贡献大，但却生活简朴，"妻不衣帛，马不食粟"，乘破车，穿旧衣，是中国历史上有名的节俭仁善的清官。

孙叔敖生在一个单亲家庭，在母亲照料下长大成人。由于母亲贤淑仁慈，对儿子教育严格有方，孙叔敖少年时期就以恭俭善良闻名一方。年轻时期就是楚国众官吏中的佼佼者，很早就担任楚国高官，深得楚王信赖，百姓爱戴。他任职期间，励精图治，兴修水利，整饬军队，完善法纪，促成楚国不断强大，他辅佐楚庄王成为"春秋五霸"之一。

孙叔敖对自己的要求很严格，严谨修身，崇尚节俭，他的行为准则是：地位越高，越要谦逊；官职越大，越要谨慎；俸禄越多，越要廉洁。他位高权重，本可以享受名马豪车轻裘，但他偏偏经常出门坐着拉货的栈车，穿着老羊皮袄，骑着老骡子。他的妻子也常年穿的粗布衣。他是楚国崛起和强大的功臣，却从不居功自傲，不计较个人得失，一生多次受到不公正待遇，几起几落，但他"三为令尹而不喜，三去令尹而不忧"，不图名利，为官吏树立了严谨修身、克己奉公的好榜样，楚庄王念其功劳巨大，几次要给他赐封领地，他都坚决回绝。

孙叔敖临终前，把孩子叫到面前反复叮咛说："楚王对我很好，给我许多优厚待遇，我都没有接受。我死后，如果楚王要给你们封官爵，你们千万不能接受，如果确实难以推辞，你们就请求把'寝丘'封给你们就对了，再不能多要一寸地方。"

孙叔敖死后，楚庄王亲自送葬，扶棺痛哭，随行者无不泪垂涕零。葬礼结束后，楚庄王立即要给孙叔敖的儿子封官。儿子谨遵父命，力辞未受，回到乡下种田为生，日子过得清清苦苦。

后来，楚庄王从别人口里得知孙叔敖后代生活拮据，就派人召其子进宫，要封他为万户侯。其子说：大王如果惦念先父的尺寸之功，要执意赏封我家，愿意接受"寝丘"以了父志。楚庄王没有办法，只好从其所愿，把十分偏僻荒凉，名字又难听，王公权贵不屑一顾的那个叫"寝丘"的地方封给孙家。后来，国内战火纷飞，繁华之地纷纷易主，只有孙家这块地方无人理会，平平安安躲过战乱。孙叔敖和孩子不求奢华、不贪富贵，使孙家后辈儿孙虽然没有享受上荣华富贵，却世代安宁没有受到祸乱之苦。

清贫廉吏季文子

季文子，即季孙行父。春秋时期鲁国正卿，公元前601年至前568年，在鲁国执政33年，辅佐了鲁宣公、鲁成公、鲁襄公三代君主。为稳定鲁国政局，曾驱逐公孙归父出境。他执掌鲁国的朝政和财权，高高在上，权力很大，却一心为社稷百姓，忠贞守节，克勤克俭，勤廉高风为后世传颂。

《史记·鲁周公世家》记载：季文子在鲁国执政期间，他的家里生活很俭朴，他的妻子穿的都是粗布衣，他的马都没有吃过好的饲料，全部喂的饲草，他的全府上下没有人穿锦戴玉。正因为季文子清廉俭朴，人们都很信任他支持他，许多有识之士愿意为他出力效命。

当时，鲁国的孟献子和季文子一样是辅佐朝政的大官，孟献子的儿子仲孙却因为自己家里有点地位，又和季文子比较熟悉，就一直对季文子身处高位却这样委屈自己，执意过清苦的生活很不以为然。有一次，他当着季文子的面以不理解的口气问："你身为鲁国之正卿，可是你却让妻子不穿丝绸衣服，给马匹不喂粟米。不怕国中其他官员耻笑你是个吝啬之人吗？你这样做实在有损鲁国在其他诸侯国的声誉。"季文子平静地回答说："我当然愿意穿绫罗绸缎、骑高头大马，过钟鸣鼎食的奢侈生活。但是，我更知道鲁国还有许许多多的老百姓吃的是粗粮穿的是补丁衣，我不能看着老百姓生活十分清寒，自己的妻子儿女却锦衣玉食。我听说官员如果都具有高尚德行国家才有荣誉感，没有听说一味炫耀美妻良马会给国家争光，会给老百姓带来好处。"

孟献子听得儿子的过激言语，十分气愤，将儿子仲孙幽禁了7天，以惩罚他对季文子的不尊重。受到教育的仲孙，不但上门向季文子赔礼道歉，此后还学习仿效季文子的节俭做法。这个消息不胫而走，传遍鲁国城市乡村，一度勤廉节俭之风盛行全国，鲁国也一度成为各诸侯国效仿的楷模。

崇尚节俭的汉文帝

汉文帝刘恒，是西汉第五位皇帝，汉高祖第四子，母薄姬，哥哥是汉惠帝。

公元前196年，汉高祖刘邦封刘恒为代王，刘恒为人宽容平和，躬行节俭，在政治上、生活上都很低调。公元前180年，骄横专权的吕后离世，周勃、陈平等灭掉了吕氏一门，迎接24岁的代王刘恒入京为帝，汉文帝在位23年，开创了文景之治。

中国众多帝王，绝大多数骄奢淫逸挥霍无度，但汉文帝却出淤泥而不染，以身作则，厉行节约，堪称帝王中的另类，勤廉俭朴的楷模。

汉文帝刚刚当上皇帝不久，有人就敬献了一匹千里马，供其游玩时乘骑，汉文帝坚决拒绝，并说："我若外出，前有队伍开道，后有人马相随，每天出行三五十里，我骑着千里马，一个人单枪匹马跑那么快干什么去？"于是，叫人退回马匹，还付给了路费。从此宣布取消由来已久加重下层负担的朝贡纳献制度。

许多书籍记载，汉文帝生活非常节俭朴素，以至于经常穿草鞋着很粗糙的龙袍上朝，这样的龙袍连续穿了十多年，破了打个补丁继续穿，也舍不得换新的。他不但不讲究穿着，生活用品不少也是先皇用过的，很少添置新摆设。在他的影响带动下，后宫佳丽也衣着朴素，没有穿下摆很长的裙服，帐子、帷子上也没有刺绣花边，宫内外和举国上下，很少有人大搞铺张浪费。

古代皇帝住的宫殿，按规制要建又大又漂亮的楼台，众臣上书汉文帝也建一个楼台，汉文帝首先让有关人员搞预算，当得知建楼台要花费100斤金子这样巨额的资金后，就坚决表示不搞耗资巨大的这个建筑，并对大臣们说："现在国家还不富足，要用钱的地方很多，与其建这个不是很需要的楼台还不如干些利于民众的工程。"就这样，直到汉文帝离世，楼台都未建成。而且，不但没有建设这个重要工程，就是其他如宫殿、园林等设施都保持原样，既没有新建也没有改造完善，节省了大量资金。

汉文帝也是一个孝老爱民、道德操守较高的明君。他对母亲薄氏十分孝敬，虽然工作繁忙，但对母亲起居生活却很关心，经常嘘寒问暖，尝药品食，以尽孝道。他很孝顺自己的母亲也很关心天下老人，当上皇帝不久，他就下令，80岁以上老人，由国家供给白米、大肉和酒；对90岁以上的老人，再增发一些麻布、绸缎，给他们做暖和可体的衣裳。汉文帝的善举，受到举国上下百姓的一致好评。

汉文帝在驾崩前，还作了最后一项节俭的安排。他在遗诏中明确要求，改掉厚葬陋俗，从自己开始简办丧事，对自己的归宿"霸陵"，要求："皆以瓦器，不得用金银锡铜为饰，不治坟，欲为省，毋烦民。"事实上，霸陵就是按照山川原样因地制宜所建的十分简陋的陵墓，没有劳民伤财大兴土木，近年发掘证明，汉文帝陵墓里边也没有豪华的陪葬器皿。

中国众多皇帝和一般统治者不但生前钟鸣鼎食，穷奢极欲，就是死后也要起坟修陵墓，大量应用陪葬品，极尽挥霍之能事。汉文帝以截然不同的节俭风格树立了万代歌颂的良好形象。汉武帝时期"海内安宁，家给人足"的和谐富足局面，与汉文帝率先垂范亲身节俭的作风是一点也分不开的。

治国崇尚勤和俭

隋朝的开国之君名叫杨坚。581年，杨坚取代北周，建立隋朝，史称隋文帝。589年，隋灭陈，统一全国。隋文帝深知江山来之不易，守之更难，所以一生革故鼎新，勤俭治国，因而在其当政时期，国家生产发展，物资丰富，人口大增，国威远扬，开创了开皇之治的繁荣局面。

杨坚受禅让从北周静帝手里得来江山，亲历朝政后深知治理国家之难，他经常勤于政事，自律甚严，特别注重节俭过日子。除过朝廷正常宴请外，平时每餐只吃两个菜，而且只能有一个肉菜，他御用的东西，凡是破损能够修补的，他就要求修补，不准换新的。他后宫的嫔妃，不仅很少，而且穿着用度都很朴素，并反对她们修饰打扮。他的宫中配的东西很少，以至于有一次配止泻药，在宫中竟然找不到一两胡粉（普通化妆用品）。594年，关中遭受大旱灾，许多人缺衣少食，他让有关官员把老百姓吃的豆粉糠团拿给群臣看，失声痛哭道："朕无能无德，才使老百姓生活得这样差"，并罚责侍臣给自己宫内停止供应酒食一年。还诏令天下"犬马器玩不得献上"。谁知，第二年相州刺史豆庐通却敬献了精美的绫锦这样的贵重东西，他当堂严厉斥责，并当众焚烧以示警诫，此后一段困难时期，天下士人节俭成风，很少有人穿绫罗绸缎，都穿的粗布衣，也没有金玉之类饰品流行。

隋文帝自己躬行节俭，要求百官和子弟带头节俭。有一次看见太子杨勇把蜀中做的精美异常的铠甲还装饰得艳丽豪华，不像是打仗用的，倒像个装饰品，他看到后很不高兴，担忧杨勇的行为招致天下仿效，影响军队风气，便严厉训诫杨勇说："自古以来帝王将相没有好奢侈之风不亡江山的，你贵为帝胄，应该率先垂范崇尚节俭之风，而不应该以奢靡为荣耀。"三子杨俊身为并州总管，违反朝廷制度，行奢靡之风，营建豪华宫室，文帝知道后停职关禁闭，后来杨俊因故而亡，文帝下令将其奢丽之物全部销毁。

官吏贪污腐败，历朝历代都难以解决。文帝也深知官员贪腐的危害。他一上任就设立了专门监察机构，时常派出监察队伍暗查百官，发现不法贪腐之徒，严惩不贷；有时候，他还派人假装去给官吏行贿，以检验其操守，如果有人受贿，立即斩首，毫不姑息宽容。而对于那些勤廉的官员，则首先提拔重用，甚至越级擢升。平乡县县令刘旷清正廉洁，老百姓很拥戴，境内风清气正，很少出现作奸犯科之徒，以至于牢房久无罪犯，监狱周围长满了野草。文帝了解到真情后，便破格提拔其为营州刺史。汴州刺史令狐熙清廉正直，考绩天下第一，文帝赐帛300匹，并颁诰天下学习。

隋文帝顺人应时，爱护民力，施政宽和，倡行节俭，推行改革，严格官吏考察管理，政绩卓著。吕思勉称赞文帝"先主也，其勤政爱民，又能躬行节俭，废除北朝苛捐杂税，而府库充实，仓储到处丰盈，国计的宽余，实为历代所未有"。

俭素为荣司马光

司马光，字君实，号迂叟，陕州夏县（今山西省夏县）人。北宋政治家、文学家、史学家。一生温良恭敬，刚正不阿，做事用功，刻苦勤奋。特别难能可贵的是，身为高官的司马光一世竟过着清淡简朴的生活。

编修《资治通鉴》是司马光对中国历史学作出的重大贡献，从事这项艰苦而重要的工作时，司马光的工作环境很差，居所简陋，仅仅能够遮风挡雨，没有防暑保暖设施。夏天洛阳天气炎热异常，为了降低温度利于工作，他请来工匠挖地一丈多深，用砖块砌成简易的地下室，读书写作于其中。大臣王拱辰当时也居住在洛阳，所建宅邸凌天高耸，最上一层称作朝天阁，洛阳戏称："王家钻天，司马入地。"邵康节则打趣道："一人巢居，一人穴处！"

司马光自己生活俭朴，对家人也要求过俭朴生活。他专门给儿子司马康写了篇《训俭示康》的文章，文中说："平生衣取避寒，食取充腹""众人皆以奢靡为荣，吾心独以俭素为美"。他诚恳地对儿子说："由俭入奢易，由奢入俭难""君子寡欲，则不役于物，可以直道而行"。受他的熏陶，司马康为人俭朴清廉而名传天下。而《训俭示康》也成了中华家训的名篇。

庆历元年（1041年），司马光父亲司马池病逝于任上。司马光与兄弟司马旦一起护送灵柩回山西安葬。他告诉族人，父亲临终前嘱咐：下葬时棺中不放贵重物品，不看风水，不惊动官府，不打扰百姓。司马光遵照父命，以最节俭的方式安葬了父亲。

司马光夫人去世，宋神宗知道司马光为官清廉没有钱财，就派人送来一些钱让他经办妻子的后事。他说："办私事怎么能用国家的钱？"让儿子把钱退了回去。但儿子也知道家里没有钱，应该借些钱安葬母亲，可是司马光坚决不答应，最后，父子商量把家里的三顷地典当别人，才办理了妻子的丧事。

"啬翁"本是实业家

张謇，字季直，号啬庵，江苏海门（今江苏省南通市海门区）人。清光绪二十年（1894年）状元。我国近代实业家、教育家、书法家。

张謇一生创办了20多个企业和370多所学校，对民族工业和地方教育文化作出了巨大贡献。人们称他是南通最著名的"百万富翁"。但张謇是怎样定位自己的，他曾经写了一首可概括自己的诗歌："老夫五十称啬翁"，"啬翁"是张謇的自号，"啬"同"穑"，即"稼穑"，收割庄稼的意思。"啬翁"就是农夫。当然还有"吝啬"的意思，深意就是立志节俭。

清末的洋务运动中涌现了一批实业家，兴办了许多民族工业实体，其中张謇以实业多收益好最为有名，他可以说身价奇高，富甲一方，按理生活应该是山珍海味、绫罗绸缎、奢华无比，其实则不然，张謇一直保持了俭朴平淡的生活。他曾经给妻子写过一份过俭朴生活的书信，信中说："凡家人用度，若但出入相当，已不足以预备非常之急。若复过度，则更不合处家之道。新妇在家，汝宜为之表率，俾知处乱世处穷乡居家勤俭之法。"完全不像一个富豪之家的主人所言，好像是一位乡下普通农家的家长，谆谆教导家人要量入为出，留足储备，不可张扬铺排，挥霍浪费。

张謇的独子张孝若在给父亲写的传记中说，父亲生活十分俭朴，一件长衫穿了三四十年，鞋袜破了，总要补了又补。每顿吃饭，一荤一素一汤，从来不改变，即使来了亲朋也只加一两个菜。写信的信封，都是用人家给他寄信的旧信封翻过来再用。张謇常说："应该用的，为众人用的，一千一万都得不眨眼顺手就用；自己用的，消耗的，连用一分钱都要想一想，能够节省就尽量节省。"

张謇出门，短距离从来不坐车，大多时候步行或坐坐简陋的独轮车。走远路坐的都是牛车，他最不喜欢的出行方式就是坐轿子，前呼后拥。

张謇亲自拟订的家训中，应用古人格言，反复强调"勤俭"二字，要求后代要牢记家规，坚持过平常人家的朴素生活，永远传承弘扬勤劳节俭美德。由于张謇治家有道教子有方，他的子孙都很优秀，其中张孝若成为张謇的继承者后，坚持发扬父亲优良传统，业绩十分突出，是著名的"民国四公子"，他还是爱心人士和著名社会活动家。

睦邻助人

积善积德是中华民族的传统美德，是良好家风的重要内容，一个家庭要福泽绵长，原因固然不止一两个，但心存善念，与人为善，多行善举是重要原因。善行也是一个人的基本修养，积善行善就是提高个人修养的过程，也是服务社会服务人民的过程，户户向善，人人行善，社会就会不断走向文明进步、走向和谐幸福。

富而仁厚是樊重

樊重，字君云，西汉末年南阳湖阳（今河南省南阳市唐河县胡阳镇）人，是汉光武帝刘秀的外公。

樊家是南阳大姓，家资丰盈，善于农稼，做事勤勉。樊重为人温和厚道有德行。他家三代同堂而居，几十口人一个锅里吃饭，财产共有共用，不分你我，子孙互敬互礼，和乐融融。樊重喜好种树，他有空就开垦荒地栽植各种树木，许多人不明白，甚至嘲笑他不遗余力地不停劳作，栽植那么多树木有什么用。但是，十年树木，很快樊重栽的树都长大成材，恰好那时候木材用量增大，许多人想用木材只得高价购买。这时候，樊重便把他的木材伐掉借给乡亲，有的人要给钱他也坚辞不受。

樊重还对农事很有研究，在他的带领下，全家人早出晚归，辛辛苦苦，开辟田地300多顷，他还养了不少牛羊和鱼虾，日常生活用品实现自给自足，节余的食物都周济了穷困人家，恩德遍及方圆几十里，80多岁去世时，共借贷给他人的钱物值几百万，临终前，他吩咐家人拿出所有借契，亲眼看着一把火烧了个干干净净。欠债的人听了这个消息既感动又惭愧，纷纷赶到樊重家，表示要还款还物，并说："你们家借给我们的财物，都是你们汗水换来的，雪中送炭，帮助我们渡过了难关，我们怎么能白白用你们挣的辛苦钱。"但樊重的家属，遵从樊重遗愿，硬是没有收这些钱物。

几粒大枣休贤妻

王吉，字子阳，西汉时期琅琊皋虞（今山东省青岛市即墨区）人。少年时期就勤奋好学，乐于上进，尊老爱幼守孝道，是远近闻名的大孝子，以孝廉补授若卢县右丞，昌邑王中尉，博士谏议大夫。

那时的昌邑王名叫刘贺，终日沉迷游猎娱乐，不问政事，国家经济发展不上去，没有收入，就肆意加重税负，增加民众负担，以至于民怨沸腾。王吉反复进谏，均未被采纳，还惹得昌邑王很生气，看着这个人不可救药，王吉便一气之下辞职回乡。

王吉在长安居住时，邻居家有棵枝叶繁茂的大枣树，有几只枝条伸到了王吉家里，大枣成熟的时候，红艳艳的很诱人，王吉的妻子就随手摘了几枚大枣给他吃。事后王吉知道这些大枣是妻子偷偷摘邻居家的，大为恼火，从来不贪图便宜的王吉，不但批评妻子不应该这样做，一气之下，还将妻子赶回了娘家。

邻居听到这件事后，感到很过意不去，因为自己家里的树上的大枣，竟然惹得王吉要赶走妻子，就拿了把斧头要把这棵大枣树砍掉。街坊邻居知道后，纷纷前来调解，众言难违，王吉只好听从劝解，把妻子接回家里，邻居也没有砍树，一切如常。

王吉和邻居之间，从此相处得更加友好。街坊邻居对王吉和邻居注重团结和睦处事的美德很赞赏，于是还编了一首歌儿传颂这件事。歌词是：

> 邻家有枣树，王吉妇随去。
>
> 邻家枣儿完，妇去又复还。

善待邻里的李士谦

　　李士谦，字子约，隋朝时期赵郡平棘（今河北省赵县）人，著名的乡绅。李士谦一生好学不倦，学问极深，尤其精于天文术数，看轻功名，不求闻达，注重克己修身。他长期居住乡里，善待邻里，乐助贫寒，是誉满梓里的大贤。

　　李士谦自幼丧父，母亲一手把他拉扯成人，受尽艰难。李士谦知恩图报，对母亲非常孝敬。有一次，母亲生病呕吐，怀疑食物中毒。他跪在地上尝呕吐之物，以身试毒，确定真相，正确施治，减轻母亲痛苦。

　　北魏广平王知道李士谦是个大孝子，威望很高，召他为开府参军事，当时李士谦才21岁。过了几年，李士谦的母亲患病去世，他悲痛不已，申请离职回家为母守丧。朝廷因其德孝俱佳，多次延请李士谦复官，被他一一推辞，并再没有离乡担任任何职务。

　　李士谦家里比较富裕，本人却过着和穷人一样的生活，一点也不讲究吃穿，终生都很节俭。但是，对救济困难人家，却不遗余力，附近有人无力安葬老人，他二话不说倾囊相助；有人短了口粮，他立即送米送面，不求回报。有一年，当地遭遇了百年未遇的灾情，田地绝收，他拿出自家积蓄的数千石谷子碾成小米，分发给饥民。次年，播种时多日无雨，不少人五谷迟迟难以下种，地里收成不好，有人上门道歉，说难以按时归还去年借的粮食，李士谦摇了摇头说："我家里的米吃不了，本来就是给大家度饥荒用的，说什么还不还，要归还就不给大家救急。"他晚年还把借了他钱粮的人叫到家里来，好吃好喝招待，并当着所有债主的面，把借据付之一炬，笑着说："无债一身轻，你们从此后就不要操心这事情，所有款物一风吹。"过了不久，当地风调雨顺，迎来了少有的大丰收，家家户户有吃有喝有余粮，过意不去的债户上门争着还钱物，李士谦信守承诺，没有收任何人的欠账。不久，地里再次遭灾，大饥荒又一次降临，李士谦倾尽所有家产，购置大米，买来大锅，在人多处熬粥供灾民充饥，保住了许多人的性命。乡间发现无名尸体，他都收留安葬。下种时，农民没有籽种，他想方设法进行筹集，并分送各家各户，按时下种。当地的民众感激涕零，纷纷称赞：李参军真是救苦救难的活菩萨。

李士谦一生对乡邻十分友好，把他们视作亲朋。乡间有人的耕牛走失，误入李士谦家田地，踩踏坏了大片庄稼，李士谦看到后，不但不要求赔偿，还主动把耕牛拉到阴凉处，喂上饲草，精心喂养，设法物归原主。贫困者家无隔夜之食，到李士谦的地里，私割庄稼，他发现后，装作没有看见，还故意躲开，让其任意作为。其家里的仆人，有一次捉住了一个小偷，拉回来交给李士谦处置，李士谦非但没有斥责小偷，还对仆人说："一般人不是十分穷困，没有办法，是不会走这条路的，咱们就当行了一次善。"没有讨要偷到的粮食，还立即放了人。李士谦家乡弟兄两分家，因东西难以平均分配，一个分得东西多，一个分得东西少，两人争吵不休，李士谦就对少者进行补偿，使两个人一样多。兄弟俩既感激又惭愧，还相互推让起来，从此嫌隙顿消，更加团结。

李士谦的善行义举，大大感动了当地百姓。66岁的时候李士谦去世，当地百姓无不痛哭流涕，参加葬礼者成千上万。

乐于善行范仲淹

范仲淹，字希文，祖籍彬州，后移居苏州吴县。北宋杰出的政治家、文学家。

范仲淹幼年时候，父亲因病离世，母亲无依无靠，抱着年仅两岁的范仲淹改嫁。年龄稍长，范仲淹离开母亲外出求学，数十年寒窗苦读，范仲淹博通儒家经典要义，树立先忧后乐、兼济天下的高远志向。范仲淹一生担任多种要职，为国家经济、文化、教育、国防等方面均有贡献，晚年又设义田、建义学，对乡邻子弟实施免费教育，开启古代基础教育阶段免费施教的新风尚。

范仲淹重视对孩子教育，要求后辈多行善举，不谋私利。他的儿子范纯仁也颇有父亲风范。有一次，范纯仁拉运一车小麦回老家。在漫漫的归乡途中，范纯仁遇到了父亲的一位好友，言谈中知晓对方家境十分贫寒，缺衣少食，以至于家里二老逝世都无钱安葬，儿女婚事也因家贫难以办理。于是，范纯仁决定帮助父亲的老友，他把变卖麦子的钱全部给了这位穷人，可是钱还是不够，就又把自家的车卖掉，东挪西凑，终于解决了父亲老朋友的困难。回家后，范纯仁吞吞吐吐告诉父亲说："一车小麦全部卖了救济了您的老朋友，他实在太困难了。"范仲淹连忙说："那你不知把车也卖了救济他吗？帮人何不帮到底？"范纯仁说："正如您所想到的，我就是把车也卖掉了。"父亲听了很赞赏儿子的做法。

由于家里人口多，院子小，不够住，范仲淹买了块地皮，准备盖房子，请风水先生来看，风水先生转着看了一圈，高兴地对他说："哎呀，你可置买了一块风水宝地，住在这里，保你家后辈儿孙都会出大官。"范仲淹听后想了想，淡定地说："如果真如您所说，这好处我范家怎么能一家独享，何不让更多人沾沾光。"于是，他把地皮捐出来，建造了一座免费学堂，让附近子弟接受免费教育。

为了使更多穷困人口得到求助，范仲淹在苏州吴县建立了范氏义庄，义庄中有学校、公田、祠堂等设施，附近数以千计的穷困人家得到过救助。范氏义庄章程细致，管理规范，运行很少间断，前后持续800多年，为中国慈善事业树立了光辉典范。

回家就能见真佛

明朝时期，在云南太和（今云南省大理市）一带有位向佛之人叫杨黼，他是白族人，生性善良，爱好学问，擅长篆文书法，在当地很有影响力，但却看淡功名，从来不参加科举考试，过着与人无欺、与世无争的清静生活。他最仰慕的高僧就是当时已经得道的四川高僧——无际大师。

有一年春天，他慕名前去拜访无际大师。走到半路上，遇见一位年纪很大的和尚，杨黼就向他打问无际大师现在何处，并告诉他自己要拜访的原因。老和尚听完，说："见无际还不如见佛呢！"杨黼没有理解他的意思，就问："佛在哪里？我怎么才能见到佛呢？"老和尚就回答："你赶快回家，见到披着衣服、倒着穿鞋的那人，就是真佛。"杨黼见老和尚年事已高，说得言辞中肯，就相信了他，便立即打道回府，向老家的方向走去。走了好长时间，终于在一个晚上回到了家里，虽然夜已经很深了，但杨黼见佛的心意太迫切，就顾不得夜深人静，赶紧急急地敲着家里的大门，并连声呼喊："娘！""娘！"杨黼的母亲听见是儿子的声音，非常高兴，连忙起身，一急之下，随手拿了件衣服就披上，踏上鞋子就向外跑，慌乱中竟然连鞋子都穿反了。大门哗啦一声打开了，急急乎乎的母亲站在了儿子面前，连连叫道："儿啊，儿啊，你怎么连招呼都不打就回来了，看把娘高兴的，鞋子都穿反了。"杨黼猛一看，披着衣服，倒穿着鞋子的母亲的形象，怎么和老和尚说的真佛的形象一模一样。

杨黼心里豁然开朗，一下子就明白一个大道理，老和尚是要告诉他，孝顺家里的老母亲，比去见活佛还要有用得多。有人还说杨黼见到的老和尚就是无际大师，是大师给他点明了拜佛的真谛。

由此以后，杨黼在家里一边认真学习《孝经》，一边写了几万字的解读文章。更重要的是他身体力行孝养双亲，践行着《孝经》的内容。他就这样一直照顾父母几十年，两位老人心情高兴，身体健朗，都活过了80岁，是远近闻名的高寿老人。当地的人都说，杨黼是真正的大孝子。

后人有诗赞曰：

> 世俗争求佛，安知佛在家。
>
> 高堂勤供养，真实理无差。

冒襄施粥救难民

冒辟疆，名襄，号巢民，一号朴庵，又号朴巢，扬州府泰州如皋（今江苏省扬州市）人。明末清初文学家，明末四公子之一。

冒辟疆出自如皋冒氏，是忽必烈第九子镇南王脱欢的后代。他聪明好学，14岁就有诗集问世，一生写了大量著作，文苑名士董其昌把他比作初唐的王勃。他还是反清复明的义士，据《毛泽东和他的秘书田家英》一书载，毛主席读了田家英有关文章后说："所谓明末四公子中，真正具有民族气节的要算冒辟疆，冒辟疆是比较看重实际的，清兵入关后，他隐居山林，不事清朝，全节而终。"

冒辟疆还是有名的慈善家，明朝灭亡以后，他对在抗清斗争中死难人员的孩子，极尽照顾，收养东林、复社和江南抗清义士的遗孤20多人，供吃供喝供衣穿。他还在自己读书生活的水绘园建起碧落庐，专门纪念明亡时绝食而逝世的好友戴建。

崇祯十三年（1640年），山东、浙江等地遭受蝗虫灾害，千里赤地，百姓颗粒无收，米珠薪桂，许多人生活陷入水深火热之中。冒辟疆捐出自己家产，在如皋四个城门旁边人多处，设立几个粥厂，每天天不亮就起来，带着仆人发放粮食，指挥熬粥发粥，每天接受救济人员3000多人。对一些老弱病残，他还亲自上门送吃喝和铜钱。救助活动长达5个多月，救活灾民不计其数。他还动员妻子把珠宝首饰拿出来变卖，换得钱币弥补救灾款项。

冒辟疆一直坚持遇灾相助，遇难相援，以至于最后耗尽了家资，自己晚年生活陷入贫困。随着岁月流逝，冒辟疆身疲体弱，耳聋眼瞎，不得不靠卖字维持惨淡生计。

在冒辟疆的影响下，此后数百年，冒氏家族，家风优良，人才辈出，成为当地名门望族。

呵护才俊的林徽因

林徽因，民国时期著名的才女，不但品貌俱佳，才华出众，还是喜欢提携年轻人的一位伯乐。

卞之琳是一位很有文学才华的青年人。1931年，他在一个诗歌刊物上发表了几首诗歌，清新淡雅，才气毕露，林徽因读后很高兴，觉得这是一位很有潜质值得鼓励培养的后生。她便邀请卞之琳到家里来做客，通过交谈指导勉励，支持青年才俊的发展。尽管林徽因只比卞之琳大6岁，但卞之琳却一直把林徽因当作长者。晚年时候，卞之琳写的回忆录中，对林徽因为自己走上文学之路的关怀指导充满感激。

1933年11月，萧乾在燕京大学读书期间，在《大公报》发表了短篇小说《蚕》，引起了林徽因的关注。林徽因通过《大公报》主编，把萧乾邀请到家里做客。两人一见面，林徽因就高兴地对他说："你是真正用感情来写作，这很难得，也很可贵，坚持下去，必有成就。"一句话使这位初涉文坛的青年恐慌全消，两个人愉快地交流畅谈，萧乾深感获益不少。此后，在林徽因和沈从文的帮助下，萧乾进步很快，成了京派作家中的重要一员。后来萧乾担任《大公报》文艺副刊编辑，凡是组织约稿恳谈会，林徽因每次必到，还助力萧乾选编了《大公报小说选》。

1934年秋天，从法国留学归来的李健吾，在刚刚创刊的《文学季刊》上发表了一篇题为《评福楼拜〈包法利夫人〉》的评论文章。从未谋面的林徽因读后，立即给李健吾写了一封热情洋溢的鼓励信，并约他见面，提出自己的看法，鼓励李健吾继续努力，写出更多作品。李健吾对林徽因十分尊敬和推崇，将其引为知己和老师。林徽因的丈夫梁思成是著名的建筑学家，家里常常高朋满座，李健吾也是常客，频繁的接触交流对李健吾帮助很大，提高很快，李健吾后来也成了著名作家、戏剧家、翻译家。

第四章　周礼之乡好家风

　　岐山是周礼文化的滥觞之地，生于岐山的大圣人周公是中国礼乐文明的缔造者，家风建设的发端者、先行者，他的《诫伯禽书》长期以来被公认为是中国历史上第一部家训。圣人留典范，历代自因循。千百年来，知书达理的岐山人民，近水楼台先得月，倍受周礼熏陶和圣人影响，主动扛起传承周礼文化、家风文化大旗，以德为本，以礼约行，躬身廉俭，孝老爱亲，睦邻善友，修身齐家，干出不少非凡业绩，涌现了不少忠臣孝子，清官廉吏，正是这些贤达与人民群众的共同努力，才使岐山"礼仪之乡"长期处于首善之区、文明高地。虽然他们大多已经离我们远去，有的至今仍默默无闻，但其可贵的精神品质将会引领风尚、与时偕行。

岐山历史名人好家风

岐山历史悠久，文化积淀深厚，但是由于明代以前缺乏地方性史志书籍，有关人物资料甚少，所以众多优良的家风家训、众多忠臣孝子没有留下多少有案可稽的文字记载，造成遗珠之憾。从岐山史志记载可以看出，在明代到新中国成立500余年里，周原大地涌现了许多传承好家风，广施义行善举的贤达和普通民众，他们是践行周礼优秀文化的楷模，他们的所作所为至今仍然有借鉴之处。

梁禧家风代代传

梁禧，明代初期在城里（今凤鸣镇境内）人。正统五年（1440年），关中遭遇大旱灾，赤地千里，颗粒无收，一斗谷子要卖到千钱，比正常年份售价高出百倍还多，许多人无粮无钱生活陷入绝境。梁禧拿出自家省吃俭用节余的500多石粮食，救济饥民，救活了无数灾民。梁禧舍粮救民的事迹传到了朝廷，明英宗大加赞赏，要给赐个官职，但被梁禧断然谢绝。梁禧还十分动情地说："因为我放粮求助灾民这件事给我官位，这不等于我拿粮食换取官职吗？这样的事情有悖我的初衷。"英宗见他态度十分坚决，就给他赐了个"义民"的荣誉称号。

在梁禧影响下，梁家的家风优良，后代中涌现了不少优秀人才。尤其以梁建廷最为著名。建廷是梁禧的孙辈，幼时就刻苦好学，勤奋努力，万历四十三年（1615年）考中第三乡魁，次年考中进士，曾任大理寺寺正，四川主考，河南知府，湖广布政使等职。无论在什么官位，都能尽职尽责，爱国为民，勤廉于事，深得老百姓爱戴，官位也步步高升。在大理寺任职期间，积极审查旧案，对一些误判的案件坚决平反。在河南任知府时，廉明仁恕，尊崇往圣贤者，为弘扬当地名人程颢、邵

101

雍等贤达的高风懿德，他多次上书朝廷赐二贤后代为博士，以弘扬崇仁向善好学上进的社会风气。梁建廷勤勤恳恳，任劳任怨，最终生病累倒在官位上，为了不贻误工作，他主动请求离职回乡。那个时候，岐山境内社会不稳，土匪流贼猖獗，抢掠杀戮惨剧时有发生，严重影响了民众生产、生活，梁建廷主动出钱出物，招募训练保安力量，在重要区域设防巡守，打击了匪贼的嚣张气焰，维护了民众安全。梁建廷因德行高尚，爱民为民，深受百姓爱戴，逝后被列入专祠纪念。

敬业爱民的杨恭

杨恭，字克敬，明代岐山润德里（今凤鸣镇北郭片北部）人。小时候父母双亡，由舅母抚养成人。他禀性聪颖异常，学习有恒心，刻苦用功，每天读书要记几千字的读书笔记。天顺八年（1464年）考中进士，历任通政司右通政等职务。曾经奉旨监督治理运河河道。当时运河决堤，工程浩大，险象环生，他不顾个人安危，亲自指挥治理工程，长达10多个月。明成化末年，关中遭遇大灾，民不聊生，亲戚和乡邻多人逃难杨恭任职之地谋求活路，他拿出自己的俸禄买粮供养。还亲自派人回家乡岐山，出资金扶危救困，拯救数百人的性命。后来离职回家乡，每年在自己地里种西瓜免费给乡邻和路人采吃，不收分文，受到人们赞誉。

仁孝慈爱数徐衡

徐衡，字大经，明代仓颉庙人。自幼聪颖好学，博览群书，尤其喜欢"四书五经"的研学。好德守礼，尊老爱幼，体贴父母，深得父母及乡亲爱戴。

徐衡家中二老得了病，十分痛苦，他不但昼夜守护跟前，伺汤喂药，席不暇暖，并常常对天起誓，愿意以自己身体代替老人受苦，乡邻们都说徐衡是个大孝子。徐衡有个祖兄叫徐仁，长期患病，卧床不起，徐衡对其关心照顾，胜过亲人。当徐仁病危时，徐衡守护在身边。徐仁对徐衡很信任，给了他百金，托付管护自己的孩子，徐衡慨然应允。徐仁逝世后，徐衡把这个侄儿照顾得比自己的亲生子女还好，含辛茹苦，一直管护到长大成人，并把徐仁给的百金一分不少地给了侄儿，一时传为美谈。

凭着不懈的努力，嘉靖十九年（1540年）徐衡参加科考，中了举人，被朝廷擢选为高唐州（今山东省高唐县一带）知州。他为官清廉正直，勤政爱民，政绩斐然。境内爆发饥荒，他拿出自己的俸禄赈济饥民。境内漕河因大雨引发洪水，水量激增，航运严重受阻，损失惨重，徐衡率领民众昼夜守护，并冒雨挖渠分洪，夜晚就睡在河边，通过30多日严防死守，保证了河道安全，运输畅通。

徐衡因劳累致疾回乡后，热心家乡慈善事业，关心爱护弱势群体，家乡有穷苦民众，遇到患病、受灾日子过不下去，又借不到一文钱，他听说后就主动送银钱上门，帮助他们渡过危难，许多人感激不已。他还义务参与了嘉靖《岐山县志》的编纂工作。

永和庄里大善人

白玉瓒，清代岐山益店永和庄（今车圈村）人，家境宽裕，丰衣足食，他为富不骄，诚实敦厚，慈惠爱人。为了帮助家庭贫寒的父老乡亲，他专门购置一份上好的农具，两匹温顺的马，三头黄牛，任人随时无偿役使。凡是他的亲戚、邻居及村人婚丧大事无钱举办者，他竭力资助，先后资助嫁娶者7家，丧葬30多次。益店太和庄李某，其妻子另嫁，留下一个婴儿，李某愁肠百结，白玉瓒闻知后抱回家，雇了个奶妈喂养，向李某分文不取，一直抚养长大。陕西巡抚闻知其人其事后，赐给他"乡饮正宾"荣誉称号，其随之以乡贤闻名全县。

厚养侄子留美誉

郭玳，清代润德里人。幼年时家庭贫寒，稍长就与兄长一起，起早贪黑，勤耕农田，做小买卖。郭玳虽然年龄小，但比起兄长更善于打理家庭事务。经过数十年艰苦奋斗，积累了20余万的家资，这时候兄长已经70多岁，而郭玳也年过五旬。他的长兄一生育有五个儿子，而郭玳只有一个儿子。郭玳十分敬重兄长，家里大事必请兄长定夺，并且常常对兄长说，你看外人为分割家庭公产，闹得不可开交，都是因为从自己私利出发的原因。我家之所以能发展到现在这样的小康家庭，全仰仗先祖的福荫庇护。老兄您百年之后子侄若不愿同炊共膳，我一定以人数为分家资的标准，不说大房、二房按子侄人数交割家产。兄长逝世后，郭玳又生了个儿子。后来分家另过时，郭玳践行诺言，按七份平分了家资，其兄长的五个儿子每人分得15万金，郭玳的两个儿子共分得6万金。乡邻说，还没有见过像郭玳这样义气的兄弟和叔父。

品行优异感乡亲

王自凝，清代仁智里人，从九品。性格机敏，为人正直。因四个弟弟年纪小，父亲年迈，家里生活困难。王自凝不得不停止学业，去南山里的刘家村学着做生意。嘉庆初期，白莲教起义时，有一股来历不明的土匪乘机袭击刘家村，村民猝不及防，遭遇涂炭之灾，许多人一夜赤贫。土匪平息后，王自凝召集一些商户对他们说："而今村里遭受土匪血洗，人们突然遭遇灾难，不少丢掉了性命，家破人伤，生活陷入困境，这个时候还言说什么债务之类。"王自凝果断取出所有借据，当众点了一把火焚烧一光，欠债者感激涕零，叩头致谢不止。王自凝遭遇这次变故后，做生意更加随和，从不锱铢必较，而当地人却越来越愿意和他打交道，生意竟然越来越好，财利也滚滚而来。

王自凝的四弟自强过继给了叔父，家里并不富裕，但却为人仗义，乐于助人，将家里1/5的财物用来济弱助贫，亲友中有人无钱娶媳妇，他慷慨解囊；有的人安葬不起老人，他尽力资助。遇到乡邻发生纠纷，他既不幸灾乐祸，也不火上浇油，而是不怕麻烦，主动出面，苦口婆心进行调解，化解了不少矛盾，使争执双方言归于好。吏部侍郎龚守正给其题赠"质直好义"匾额，嘉赞王氏兄弟的义行善举。

宋家骄子有善举

说到过去岐山的名门望族，正如歌谣所言："岐山郭宋家，凤翔周邓家。"意思郭家和宋家是岐山富裕的书香世家。宋兑成，号酉山，清代在城里人，他就是古代大家郭宋的子弟。宋兑成，自幼聪敏好学，家庭富有，年纪很小就进入县庠学习，由于品学兼优，以廪贡选教职，先后在南郑、武功任教谕，深得当地学子嘉许。在家乡的时候，常常与饱学之士切磋学问，还出资设私塾教授当地后生，有些穷苦人家孩子，无力出费用，他就免收一切费用，让他们在这里安心就学。他还在邻近村子里开办义学，聘请老师，招收穷苦人家的孩子认字习文，提高群众文化水平。

宋兑成尚德好义，急公好义之行为不胜枚举。凡是岐山境内加固城墙、整修道路、增添书院膏火等善事他莫不争先恐后。筹银钱办团练保地方安宁的活动尤其积极主动。

宋兑成的儿子宋金鑑，字瑞卿，天资超群，14岁入县庠读书，道光癸卯优等贡生，乙酉、庚戌联捷进士，是岐山历史上唯一的一位联捷进士和翰林院庶吉士。因为母亲离世，离开官位回岐山居家守孝。他对乡人说："矢志功名以扬名声显父母。果真这样，获得了功名就是实现孝养的情怀。"咸丰三年（1853年）守孝期满，被朝廷改任为内阁中书，又升为刑部郎中，一年后，被选用知府。不久他辞官回到老家岐山。同治初年，社会动荡，当时兑成已经逝世，宋金鑑会同诸位乡绅，禀见县令，宁愿舍家护县，也要保住城邑和百姓安全，为训练团勇加固城墙，耗费不少心血，最终病逝于护城工作。

宋家后代中还有由邑庠生报捐同知的宋炳麟，秉承优良家风，好善乐施，道光乙未年（1835年）岐山遭遇大旱，不少人地里没有收成，家无隔夜之粮，宋炳麟积极施舍面粉捐出银钱，赈济困难群体。道光丙午年、丁未年，岐山遭遇了更厉害的年馑，宋炳麟倾尽全力救助，救活了许多人的性命。凡是地方有公益性捐款，宋炳麟都带头参与。其子金绶为候选训导，性情豪爽仗义，轻财重友，贫寒之士告借有求必应，有的学子无钱赴京应试，他慷慨相助百金。金绶还在岐山县城西边的南溪沟窑洞里创立义学，延请名师，教授寒家子弟，人们都说他有点像汉代豪侠义士杜季良的风范。

郭衍秀父子有义举

郭衍秀，字均仲，润德里（今凤鸣镇堰河村）人，以儿子特别优秀荣膺五品封为典清。道光丙午年（1836年），岐山遭遇大饥荒，县令李文瀚延请县内孝廉官武子仙总办赈灾事宜，以衍秀为副手，昼夜监视熬粥和发放粥米事宜，吃住在粥厂，并不准另设灶房，给赈灾人员另做较好点的饭菜，有些同事觉得跟着衍秀吃不好，睡不好，太辛苦，受不了，就对衍秀有意见。但衍秀依然故我，只管一心做好赈灾救民要务。

衍秀的老一辈是当地的富裕户，到衍秀时，家庭遭遇不测之祸，家道衰落。为了赈灾急用，衍秀不得不把老人给他留的捐官用的钱也全部拿出来，买成粮食救济饥民。李文瀚县令对其一心一意赈灾济民的义举非常称赞，并撰写一副长对联相赠。还奏请陕西巡抚颁给郭衍秀"勤勋义举"匾额以旌其门。

郭衍秀儿子郭极，字枢菴，湖北补用县丞。郭极协助陶军门追击匪军，深得陶赏识，并被陶保奏为同知。陕西提督四川人何玉超年老解职没有回家的盘缠，郭极便把自己岐山的老宅分让给陶居住，并时时接济陶的生活，还给陶置买了棺板老衣，逝世后亲自操持陶的丧葬事项。村子里一个魏姓的人死了没处安葬，妻子号啕痛哭，郭极怜惜弱孤之家，就给其置买了棺材，将其安葬在自己的田地里。并写下一首诗告慰世人："变卖庄田须得留，不留反贻后人忧。试看死无葬身者，不愿前头愿后头。"平生广行善举，由此可见一斑。

有节有义的杨氏

杨氏，清代岐山润德里人，明代监察御史杨绍程三世孙女。18岁出嫁，生有二子。同治初年，社会动荡，地方团勇乘机劫掠，加上因自然灾害遭遇年馑，乡民大多人家生活陷入绝境，家无隔夜口粮。这一年杨氏的丈夫也不幸离世，二子年幼，生计困难。但她矢志抚孤养老，靠给人缝纫换些许口粮，经常捡柴火挖野菜艰难度日，数十年如一日。对舅姑问饥嘘寒，以礼待之，舅姑去世，又以礼葬之，并含辛茹苦，把两个孩子拉扯大。两个孩子很懂事，苦心文化课学习，都以优异成绩进入太学读书，后来都获得了官位，事业取得成效，家庭面貌也发生了变化，逐步成了富庶之家。光绪二十六年（1900年），岐山遭遇百年一遇的大旱灾，庄稼颗粒无收，乡民啼饥号寒，挣扎在死亡线上，杨氏将家里十多石麦子散发给乡里穷苦人，麦子散发完了，又将家里谷子碾成米接济灾民，救活了不少穷苦之人。

郭家子弟留嘉风

岐山郭家，位于今凤鸣镇三民路西，和宋家一样都是岐山很有名望的富户。其祖先尚德崇礼，勤于商贾农事，家风优良，人才辈出，很早就成为岐山的名门望族。其中郭命锡，以附贡出任安徽凤州、颍州、安庆等地同知。赋性刚毅，不苟言笑，尽职尽责，清廉正派，不管在哪里任职，都能落下好名声。退职时只有几箱书籍和一些衣物，别无长物。

郭命锡的儿子叫郭圻，气质淳厚，心底坦平，凡国家海疆军务等筹钱事项，争先恐后，捐出了巨额资金。后来家道式微，仍然毫不吝啬，继续支持地方公益事业。郭圻的长子，继承父亲的优良传统，家乡遇到灾害出粮施粥，救济灾民，募集乡勇，踊跃保护地方治安。次子郭笃，好学上进，敬重斯文，以优贡中光绪乙亥举人、丁丑进士，分发直隶候补知县。还有在四川布政司任职的郭堃，其才干超群，深得上级器重，民众好评。但是当他听闻母亲病重的消息后，连夜赶回家里，朝夕相伴，嘘寒问暖，为管护老母毅然辞去官职，一心一意奉养老人，深得乡邻好评。还有以廪贡出宰四川洧川的郭勋。虽然洧川土地瘠薄，百姓穷困，但他能大胆革除陈规陋习，移风易俗，教民知礼守信。每逢饥荒降临，他都主动拿出奉养钱，赈灾救民，使民众免受流离失所之痛，征收钱粮时，能尽量争取降低百姓负担，不胡乱加码收取费用，一直为民众着想，任职期间政简刑清，与民休养生息。他还捐廉银创建洧川首个书院，积极筹备脩金膏火，延请学养深厚的老师，为当地培养人才，使当地风气日新。后来因为母亲年老体弱，回家奉养。其子也是廪贡生，候选主事，遇到捐款修城赈灾救难，都能慷慨解囊，捐出了大量资金，有其先辈的风范。

李东蔚行善有好报

李东蔚，字文轩，马碛里人。平生喜欢读书，至老不改苦读习惯。他孝老爱亲，对待乡邻也十分友善，乐于帮困济贫，听闻附近有人逝世后无处安葬，他就捐出自己的土地让其安葬老人。亲戚中家里贫穷，老人殁了没有棺板老衣，他帮助购买，还让其将逝者安葬在自己的田地里，以至于他的土地上埋了许多外人，别人不理解，但他依然乐此不疲，他的儿子鼎元由恩贡考中同治庚午科举人，另一个儿子友棠考中光绪乙亥科举人，两个孙子也学习很优异，人们都认为与他好学习爱行善有关。

闫家父子慈善情

闫必成，字东溪，尚善里（民国时第二区北庄营）人。清光绪壬午科举人。天资纯挚，性情和蔼，好学不倦，注重"四书五经"的研学，主讲县城凤鸣书院，对跟他学习的后生关爱有加，不体罚，不责骂，以积极鼓励为主。要求学生读书应脚踏实地，贵在学以致用。心地善良，乐于助弱济贫。光绪戊寅年岐山遭遇大年馑，不少人发生粮荒，告借无门，挣扎在死亡线上。闫必成在本村散粮赈灾，粮食少，饥民多，他家的存粮根本不够灾民吃，他便把珍爱的部分土地和房产变卖换得银钱，购买粮食，救济灾民，以至于自己家里生活发生困难，父亲逝世，都简单安葬。

闫必成的儿子闫琳，字筱溪，是宣统时期岐山最后一届拔贡，也是民国时期，岐山第一位全国国民大会议员。他继承父亲的意志，热心慈善事业，主动出任以救灾扶困为主的岐山红十字会首，他坚守会规，以弘扬慈善事业为己任。终生把大量心血用在慈善公益事业上。他积极带头捐助巨资，建修鲁班桥、北庄桥、南庄桥、营沟桥，其中鲁班桥耗资数万银圆，大多是他与有关人员募集所得，此桥包含了众多人心血，又便利数以万计的民众生产生活，所以被称为"万善桥"。

民国十八年至二十一年（1929—1932年），岐山遭遇百年罕见的年馑，大多数人家无米下锅，饥民吃光树皮草根，7万余人饿毙。闫琳竭尽全力，奋力救灾。他除了带头捐献钱粮外，积极联络外地"红十字会"救援岐山，募集大量钱粮，又严密组织，有序发放。还在多地组织人员熬粥散饭，救助流亡灾民及本地灾民，从死神手里夺回了无数条性命，北庄营一带灾民自发给赠"桑梓救星"的牌匾，赞扬他的善行义举。抗日战争期间，河南扶沟一带"黄泛区"的数千难民，长途跋涉，逃到岐山境内，无衣无食，举步维艰，闫琳主动联络各方，及时为难民提供御寒之衣服，果腹之米面，使他们躲过一劫。并协调有关方面把灾民送到北山开荒种地，以求自保，解决他们的后顾之忧。

乐于公益的王翰哲

王翰哲，字经冈。青县县丞。王家世代居住在县城东边五里铺马王村。好学上进，涉猎经史子集，颇有建树。多才多艺，工于书法，尤以篆书隶书著名。还爱好习武，精通剑术。经常主动协助县上有司办理地方公益事业。如组织维修城墙，训练乡勇，维持一方平安。组织各项活动，能注意做到不扰民，不加重民众负担，为历任县宰所倚重。他为人精爽豪迈，勇于任事，乐于从事利县利民的事情。光绪二十三年（1897年）戊戌秋，岐山阴雨连绵达70多天，一半的县城城墙坍塌，恰逢年辰不好，谷歉粮缺，义工和钱粮都不好筹集，王翰哲给县上提建议，不向一般民众筹钱筹粮。并积极主动向县城的富裕人家逐户做工作募集。共募集制钱一万余缗，终于维修好破败的县城。光绪二十六年（1900年），岐山又遭遇庚子大饥荒，王翰哲主动协助办理赈灾事宜，救活了无数饥民。

慷慨救困黄全福

黄全福（1886—1958年），本县故郡乡黄家人，其家世世代代以农业为本，过着清清贫贫的日子。到了黄全福时期，凭借着勤劳节俭，日子渐渐有了起色，家里也积攒了一定的财富。但黄全福照样早出晚归，辛劳不止，生活省吃俭用，在有些人眼里，黄全福是个小气鬼。

民国十八年（1929年），关中出现罕见的大年馑，岐山更是几料地里没有收成，乡间人人穷困潦倒，转遍好多户人家连一碗米面都借不到。危难之际，黄全福将来之不易的粮食拿出来，给所有亲戚乡邻按人口施舍，还给远方的亲戚亲自送粮上门，前后散出去的粮食达30多石，乡邻亲戚感激涕零，纷纷竖起大拇指说黄全福是最大方最有德行的好人。这年冬天的一个下午，乾县、礼泉有男女灾民7人，一路乞讨到黄家村，傍晚歇息在村南的关帝庙里，用清水煮着野菜糊口，黄全福看到这伙面黄肌瘦，痛苦不堪的灾民十分可怜，就回家从自己的口粮中取出10斤粗粮面，送给这些人充饥，灾民感激的不知说啥才好，这时候，黄全福早已转身离去，虽竭尽全力救济灾民，而却不求扬名声的行为受到人们交口称赞。

罗家三代慈善情

罗凝、罗永俩兄弟是清代末期岐阳乡寺家庄人，自幼喜欢读书，知书达理，德善过人。同治年间，家乡遭遇匪徒袭击，残暴的歹徒烧杀抢掠，无恶不作。兄弟二人也被贼匪所掳，因为从二人身上没有弄到钱财，凶恶的匪徒想将弟兄二人杀掉。罗凝对匪徒说，我们家里有个80多岁的老母亲，最好把我杀掉吧，放掉我弟弟，让他伺奉我老母亲。但是弟弟却坚决不答应，执意对匪徒表明：自己一心愿意去死，让哥哥去照顾母亲，哥哥比自己有经验。二人不害怕死亡威胁，争相赴难的举动，连凶残的匪首也受到感染，遂决定放二人回家。这件事传遍了四乡八邻，人人对罗家兄弟的行径赞不绝口，族人还刻石碑颂扬兄弟俩的义举。

罗生明（1882—1969年），青化镇寺家庄人，罗凝的儿子。早年家境贫寒，历经艰辛。在不惑之年患上大病，长期服药治疗。后来遇到一位上门化缘的僧人开单方治疗，病情好转。罗生明打那时候起，开始吃素念经，并经常出门云游四方，行善劝善，救济穷苦人家，虽然家庭不富裕，做起慈善事情却十分大方，家里许多东西都变卖掉救济了困难民众，乡邻们亲切地称他"罗善人"。

罗生明生前常常教导子孙说："德者本也，财者空也，善恶终须有报，为善者不昌，祖宗余殃，殃消则昌；为恶者不灭，祖宗余德，德尽则灭。"

罗维（1915—1999年），青化镇寺家庄人，罗生明的儿子。自幼遭受过民国十八年、二十一年大年馑、瘟疫、兵匪之祸害，逃年馑背井离乡，受尽饥寒，几乎在逃难中丧命。青年时期拉壮丁到杨虎城部队，参加抗日战争，作战英勇顽强，俘获日军两人。在中条山抗击日军的血战中，身负重伤，解甲归田。一生勤于农桑，侍亲尽孝。严于律己，宽以待人，兄友弟恭，关爱穷苦人家，经常接济生活上有困难的可怜人。还根据一生经历和先辈留下的治家规矩，写下了数万言的家规文章，劝勉家人和乡邻。倾心竭力，乐于慈善事业，捐资修路助学。主动排解乡亲疑难纷争，主持正义，公道正派，不计个人得失，誉满乡里。

（《岐山县志》）

当代岐人好家风

新中国成立，岐山人民步入传承周礼优秀文化的新时期，数千年传承下来的优良民风家风愈加得到崇尚，特别是学雷锋和精神文明建设活动开展以来，各项活动不断开展，好媳妇、好婆婆，五好家庭、文明家庭不断涌现，优良家风传承和人们的精神风貌更具时代特色。

老党员续写好家风

近日，现已92岁的老党员、离休干部祁明轩，与时俱进，续写家风的事儿，很快在岐山县老干所小区被传为佳话，受到广泛称赞。

祁明轩周原岐山人氏，出生于1932年5月，自幼聪颖好学。他出身贫寒，当过店员。然奋发有志，童稚即萌匡济社会国家之志。许党报国，自觉加入新民主主义青年团、民兵组织，踊跃投身大西北支前工作。1951年4月参加革命工作，1954年6月加入中国共产党，响应号召，积极参加土地运动、社会主义革命和建设，始终与党共心，跟党奋斗。历任岐山县委组织部部长、县人大常委会副主任、县政协主席等职。所任恪尽职守，公正廉明，有胆有识，多有建树。他从政一生，生活简朴，平易近人，工作之地，干部群众多有感念。1993年离休后，他执着于社会公益事业，先后任城关小学家长委员会主席、县老体协主席、县老干所党支部书记，现在仍担任党支部委员，履职尽责，率先垂范，深受广大党员赞誉。2021年7月，庆祝中国共产党成立100周年之际，祁明轩老人被中共岐山县直属机关工作委员会授予"优秀共产党员"称号。

原来，祁明轩的家没有成文的家风家规，但由于他与妻子张存秀相濡以沫，相帮相扶，以身作则，言传身教，时时处处带头树立良好家风。身教振家声，得人丁兴旺家和睦，子孙个个学业有成，享五世同堂乐天伦。

祁明轩老人常对家人及子孙们说："没有共产党，就没有咱们这个家庭，没有共产党，就没有我祁明轩。我们一定要听党的话，永远跟党走，传承好咱们家的好家风，为建设和谐社会多作贡献。"为弘扬传承好家风，今年春节期间，他把儿女、孙儿、孙女召集起来，一起谈论人生感悟，爱国情怀，在相互交流中探索家风教育的新内容、新途径、新方法，进而影响他们的世界观、人生观和价值观。在此基础上，由长孙执笔，拟订了现在的"我家的家风"，其内容积极向上，语言通俗朴实，句句实在，满满正能量，有章可循。

（赵智宝《凤鸣岐山》第27期）

板塌村里一只"凤"

1960 年春季的一天，岐山县麦禾营板塌村来了一位因生活困苦而四处奔波的甘肃姑娘，她的名字叫康周凤。由于周凤生活十分困难，经好心人介绍同该村张长鱼结婚。后来，张长鱼兄弟们分了家，周凤主动把年迈的二位老人接来一起过。虽然日子清苦，生产队农活紧张，但周凤总把二位老人的生活打点得有条有理，两位老人都说周凤是一位好媳妇。

转眼到了 1977 年，辛苦了一世的公公去世，料理完后事不久，婆婆因病半身瘫痪。周凤除了参加劳动安顿家务，一年到头，都要给婆婆喂药、梳头、拆洗被褥、按摩、擦洗褥疮、接屎接尿，并四处打听单方验方为老人治疗。

"屋漏偏遭连阴雨。"1979 年，周凤丈夫张长鱼突发高血压，落下偏瘫的后遗症，完全丧失生活自理能力。一家六口人，老、弱、病、残、幼，个个需要周凤经管，生活的千斤重担全部压在周凤一人身上。

"人一得病心事多。"长鱼患病后，脾气更加暴躁，常常拿周凤当出气筒，稍不顺心，就对周凤大喊大叫，骂声不绝，周凤知道他是疾病所致，毫不计较。为了给丈夫和婆婆治病，周凤东挪西借，想尽一切办法，寻医问药，直到 1983 年，丈夫开始能自理生活，并能做些轻活。在周凤的言传身教下，三个孩子都很懂事，经常主动给祖母接屎接尿，端饭洗衣服，打扫卫生。

村子里人都说：周凤心地善良，是板塌村里一只美丽善良的金凤凰。

来自后母的大爱

1961 年，贾桂荣从河南孟津来到岐山县马江公社何家村，同苗铺周结了婚。那时，家大人多，上有公公、婆婆，下有儿女、侄子、侄女一大群。她刚到异乡，不仅要承担繁重的家务劳动，还要抚养丈夫前妻留下的两个儿子，大的10岁，小的6岁。开始她忧心忡忡，产生返回娘家的念头。但是两个小孩子从她一进家门就不离她左右，她内心燃起母爱的火焰，决心肩负重担，把孩子抚养成人。

桂荣坚持用母爱温暖孩子的心。小儿子扭饭碗，经常哭闹，她不打不骂，温言教导。入冬前，她提前给孩子缝好棉衣、暖鞋。小儿子有尿床病，桂荣给缝了单人褥子。炕里尿湿，换到炕干处，她睡在湿处。她疼爱孩子，孩子们的心也和她贴在一起，对她无话不说。大儿子学校毕业后，学会泥瓦匠手艺，在外地干活，回来时总要给她买些好吃的东西。两个孩子不是亲生胜似亲生。

桂荣和丈夫省吃俭用，为两个孩子先后成了家。大儿媳是外地人，她把媳妇当闺女，媳妇也把她当亲娘。媳妇产后大出血，从入院到出院，桂荣日夜守护在身边，给媳妇喂饭喂药，扶起扶睡，接屎接尿，出院后，她见媳妇身体瘦弱，买了只奶山羊，供媳妇喝奶补身子。做饭时，给变花样加营养品。经过半年精心调养，媳妇很快恢复了健康。

媳妇出院不久，适逢二儿子结婚准备。看到给未过门的妯娌做家具，大媳妇心里有些不愉快，桂荣一再劝慰，最后得到了大媳妇的理解。桂荣平时很注意两个儿媳妇的心理变化，哪个今日有心思，这个忽然吃得少，这些细节她都看在眼里。这时候，她就或者让其回娘家看看，或者让其看电影，抚慰得两儿媳心里都很舒坦。特别是，大儿媳娘家远，她就有时候给些零花钱，让去岐山县城或蔡家坡逛逛，散散心，解解闷。老头子买了两件皮背心，打算老两口每人一件。可她知道大儿媳娘家的两个老人经常有病，易着凉，她就把两件皮背心都邮给亲家两口穿。

又一次，大媳妇娘家来信，说她妈生病。桂荣就立即向邻家借了些钱，让媳妇寄去。在她的教育引导下，全家和和睦睦，日子过得红红火火。

（《岐山县志》）

真爱无言孝无价

李静，出生于岐山县京当公社的一个农村家庭。1987年毕业于武功师范学校，现为岐山县大营九年制学校教师。

2010年3月19日下午，一个突如其来的电话说丈夫突发心肌梗塞，情况危急，让她惊慌不已。这如晴天霹雳砸向了瘦弱的她。瞬间，她懵了，也不知道是如何挪向了医院。躺在病床上的丈夫脸色苍白，胸闷气短，医生正在为他做抢救工作。她被叫到了医生办公室，告知她此病是心脏病中最为凶险的，有时三五分钟……必须立即做溶栓治疗，请家属签字。她拿着单子双腿发软，浑身发抖，脑子一片空白，瞬间感觉天塌了，双手颤颤巍巍地接过笔，一个字儿都写不出来，眼泪涌满了眼眶。她哽咽了，但是她没有哭，也不能哭。为了丈夫的性命，她毅然签了字。随后，在县医院治疗达十多天。由于丈夫只能一直躺着，她每天守护在病床前，精心照料，喂饭、喂药、擦洗、接屎、接尿……独自一人默默地做着。好多时候一整天也顾不上吃一口饭。她只希望丈夫的病情能尽快稳定下来。医生多次和她谈话，讨论后续治疗事宜，建议去西安交通大学第一附属医院做介入治疗。随后，她便陪着丈夫转院至西安。手术时，独自一人守候在手术室外，害怕得心几乎要跳出来。等候的每一分钟对她都是一种心灵的煎熬和考验。她在外面踱来踱去，告诫自己一定要坚强。术后一住又是十天，在陌生的环境中，她成宿成宿地熬夜，无微不至地照顾。丈夫的情绪不稳定，无法接受得病的现实。她照顾吃喝之余还要给他做思想工作。在她耐心疏导、细心陪伴下，丈夫逐渐摆脱了阴影，身体也慢慢恢复了。这一切她独自承担，没有告诉家中年迈多病的婆婆，更没有惊扰外地读书的孩子……

瘦弱的肩膀扛起家庭的重担，强大的内心抵御外界的风雨。就在丈夫病情逐渐稳定时，生活又一次给了她重重一击。2013年5月，婆婆在家中突然面部肿胀，双脚浮肿，腹部胀痛，咳嗽不止。她忙前忙后，帮婆婆消食、热敷，不停劝婆婆去医院治疗。婆婆为了省钱坚持不去，在她苦口婆心劝说下，婆婆终于来到了医院。一检查，又是一个晴天霹雳，婆婆被诊断为心衰，需立即住院治疗。在住院期间，她白天给学生上课，晚上给婆婆喂药，陪婆婆聊天。病友羡慕地说："您太有福气了，有这样一个孝顺的'女儿'。"老太婆听得直乐，笑容溢满了脸庞。为了让婆婆尽快恢复，她用平日省吃俭用的钱买了一个氧气罐，放在婆婆的房间里，让老人定时吸氧，还时不时咨询大夫购买相关药物。人常说"树老怕枯，人老怕孤"。她担心病中的婆婆心情不畅，又买了一台听戏机放在了婆婆床头，用以消愁解闷。婆婆生病时间长了，总爱唠叨，连儿子有时都会情绪化冲撞几句。这时她总会规劝丈夫"家有一老如有一宝，我们也要老啊！"听得丈夫都自惭形秽。自从2013年婆婆查出病的四个年头里，她始终如一，毫无怨言。每天一大早，她就早早起床做好饭菜后，才去学校上班，晚上又会将热腾腾的饭菜端到婆婆手中。多年来，起早贪黑，风雨无阻，岁月在她脸上刻下了一道道比同龄人更多更深的皱纹。但她一直乐观地坚持着，她知道人都会有老的时候，坚信一切都会好起来。在她长期尽心照料下，婆婆虽患有疾病，但每天活得开心，精神倍好，逢人就夸："我有一个'好闺女'啊！"

儿子在她的精神感召下，勤奋学习，考上了大学，现在已经成家立业。她对待儿媳视如己出，呵护备至，掏心掏肺，好吃的好用的好穿的，她都会第一时间留给儿媳。娘俩一起买东西，一起聊天。都说天下最难相处的就是婆媳关系，可是在这个家，俨然看到的是一对亲密无间、无话不谈的娘俩。家中婆婆、媳妇、儿媳三代人，其乐融融的场面让人羡慕。

她用20多年来的实际行动，践行着为人妻、为人媳、为人母之道。诠释着夫妻、婆媳、兄弟姐妹相处的最高境界。她用孝老爱亲的一片丹心，展现了一名乡村女教师的博大情怀，塑造了一名普通妇女仁慈善良的光辉形象。而她却一直说："这没什么，我只是一个普通人，默默无闻干工作，踏踏实实过日子。丈夫就是我的天，婆婆就是我的娘，儿媳就是我女儿，我只希望大家平平安安，和和睦睦。"

（岐山县教育体育局）

孝悌之道人之本

《论语》中讲："君子务本，本立而道生；孝悌也者，其为仁之本与"。这里的孝，指对父母回报的爱；悌，指兄弟姊妹的友爱。华夏文明经过5000多年的传承，孝悌文化始终是传统文化的重要组成部分，且深深地影响着我们每一位中华儿女。来自岐山县农村信用合作联社的"90后"姑娘杜秋苗就是其中的一位。

小时候的杜秋苗最喜欢伏在奶奶膝头听奶奶讲虞舜孝感动天、董永卖身葬父、孔融让梨、王泰让枣的故事。奶奶有些文化，能识文断字，总是将那些故事讲得绘声绘色。后来奶奶不在了，但奶奶讲的这些故事在她小小的心灵里慢慢发了芽、扎了根。

她有一个幸福的家，父母视她为掌上明珠，哥哥对她更是极尽宠爱，衣食无忧，也是羡煞旁人。但不幸总是在不经意间降临——父亲被查出肺癌。当时的秋苗还在上中学，完全没有想到这种在电视剧中才会出现的桥段会真实地发生在自己身上。父亲先后辗转在宝鸡、西安接受治疗。从那时起，秋苗深知自己肩上的担子重了。夏收时节，地里麦穗低下沉甸甸的头，父亲因为体弱经受不住化疗的副作用而暂时回家疗养，哥哥在外打工回不了家。农家人都讲夏收是"虎口夺食"，母亲整日冒着烈日在田间劳作，饭都顾不上吃。父亲当时因为癌细胞转移，已经没法自行活动了，但眼见着家里的事情也愈加着急上火更自责。这时的秋苗就成了父亲的拐杖。她把父亲用手推车推到院子树荫下，准备好水和湿毛巾，让父亲整理整理农具，看看家里夏收的进展。料理好这些，她就去做饭。穷人的孩子早当家，做饭的事情她拿手。不会炒什么菜式，就是普通的大烩菜加手擀面，外加一个蒸鸡蛋羹用来给父亲增加营养。照顾父亲吃完饭，她还要给田里的母亲送饭和水，之后帮母亲一起收麦子……那时候她最怕两件事：收忙假和爸爸病情反复。忙假只有一个礼拜，假期结束，家里这些事情就只能母亲一个人忙活了，她心疼母亲。再者医生说爸爸的病情随时都有可能出现很不好的情况，她害怕……那年夏天，夏粮全部入仓，只是，秋天播种是秋苗一个人去的。父亲又一次因为突发情况被送进了医院。本来她是想跟着去医院的，但父亲不让。父亲不想让她耽误学业，更不想让自己心爱的小女儿过早承受失去至亲的痛苦。

那年她父亲还是离开了人世。几年过去了，家人也慢慢从悲痛中走了出来。这时秋苗已经快大学毕业了，母亲除了偶尔会望着父亲的照片失神，可身体倒也康健。哥哥还是跟着单位的工程走南闯北不着家。父亲走后，长兄为父，哥哥大她19岁。秋苗小时候是在哥哥双手护佑下慢慢站起来的。她第一双小皮鞋是哥哥买的，第一次被同学欺负也是哥哥摆平的。哥哥于她就是亦父亦兄亦友的存在。2011年秋天，哥哥去西安做胆结石切除手术，本以为是简单的小手术，但意外发现哥哥疑似罹患胰腺癌。五雷轰顶。秋苗第一反应竟是不能告诉母亲，不能让哥哥知道。在接到医院电话的一个小时后，她已经坐在去往西安的火车上了。本以为生活已经将她历练得足够坚强了，可是从候车室一直到进医院大门前，她的眼泪就是控制不住地奔涌而出：哥哥那么年轻，母亲又怎能承受得了这个打击。那段时间，秋苗去的最多的地方是各大医院的肿瘤科，带着哥哥的检查结果，挂号、候诊、问询，得到的结果都是肿瘤部位不适宜手术，回家将养吧，也就最多半年时间。功夫不负有心人，最终，第四军医大学有位教授觉得手术有可行性。手术前期，嫂子说回老家处理点事，之后音信全无。好在妈妈从老家来到了医院。最终，手术通知单上秋苗签了自己的名字，手术很成功。术后第三天哥哥从重症监护室转入普通病房，但仍然处于半昏迷状态。长期缺水状态，哥哥嘴唇已经干裂起皮，秋苗就用棉签蘸水帮哥哥润口。因为术后状态不稳定，每隔两小时定时测体温。24 小时监护器需要时刻留意，特别是后半夜，因为担心母亲体力不支，晚上看护时就让母亲守前半夜，自己守后半夜。白天，秋苗必须待在病房，因为不时会有医生护士过来询问哥哥情况或者让家属去拿些药品什么的。那段时间，秋苗睡觉都得睁着一只眼睛，生怕有个闪失。母亲熬红了眼，秋苗瘦脱了相，哥哥总算捡回一条命，连见惯生死的医生都说这是个奇迹。

但奇迹不会一直存在，两年后的某一天，哥哥去复查，之后就一直躺在病榻了。那时秋苗刚毕业，为了照顾哥哥，就在医院附近找了份工作。单位有食堂，包一日三餐。白天，母亲在医院照顾。晚上下班后，秋苗直接去医院，先去医生办公室，询问哥哥情况，看看医生那边有需要家属签字或者其他事情需要办的，之后再去病房。无论心里多难过，秋苗总是在哥哥面前装出很轻松的样子，跟哥哥生病前一样地谈天说地，玩手机游戏，说工作中的新鲜事情。哥哥不喜欢待在病房，秋苗就借来轮椅，推着哥哥在医院、河边、公园到处转转看看。看到哥哥开心，秋苗心里总是能轻松些。因为母亲年迈，所以给哥哥洗脚、擦身体这些事情秋苗从来都是亲力亲为。医生说因为虚弱长期卧床的原因，哥哥的肌肉萎缩得厉害，按摩对哥哥有好处。秋苗就每天固定一小时给哥哥进行腿部按摩。医院的护士阿姨说："人说久病床前无孝子，你这个妹妹能做到这份上，了不起！"

上天没有再一次让奇迹发生，哥哥去了。每次想到母亲一个人在老家孤苦无依，刚进入信合系统的秋苗都觉得心疼。所以工作后第一件事情就是将母亲接到自己的身边。这个举动也得到单位领导的大力支持，周围同事也对老人很是关心。在单位宿舍住的同时，秋苗也在抓紧时间找房子，她要为母亲撑起这个家。

如今，快两年了，母亲在新的环境里适应得很好。每天锻炼锻炼身体，闲暇出去跟其他大爷大妈一起遛弯。秋苗下班回家准备好晚饭，陪老人聊聊天，日子平静安稳。小区大爷大妈不知道母亲之前有多苦，只知道秋苗母亲好福气，有个孝顺懂事的好姑娘。

说起孝悌之道，秋苗总说："孝悌之道，人之根本。我也没做什么，只是做了为人子女应该做的而已。"

（岐山县信用联社）

患难更显爱心贵

苗满仓同志是岐山县水管站退休干部，从18岁起就在水利系统工作，爱人王晓丽是小学高级教师，女儿为大学副教授，儿子在一家外企工作。家庭幸福美满。俗话说："天有不测风云、人有旦夕祸福。"2010年1月25日，是儿子结婚大喜的日子。婚礼仪式接近尾声，宴席即将开始，他们回到休息室换装，准备向参加儿子婚礼的亲朋好友敬酒祝谢。就在这时他爱人突然晕倒，昏迷不醒，经及时送医院检查，诊断为突发性脑出血。经过县医院、宝鸡三陆医院和市中心医院连续7个多月的抢救治疗，虽转危为安，生命体征平稳，但从此深度昏迷，处于植物人状态。12年多，4000多个日日夜夜，满仓同志对爱人倾注了满满的爱，真挚的情。

处惊不乱，极力抢救。满仓爱人发病突然，正值儿子婚宴初开之时，他临危不乱，第一时间送爱人到县医院抢救，当检查到颅内出血过多时，当即送市三陆医院抢救治疗，为挽救爱人生命赢得了宝贵的时间。在特护病房抢救观察的九天时间里，医生曾3次下病危通知书，在明确告知病人因出血过多，出血在危险部位抢救没有十分把握，即使保住了生命，也很难保证生理机能恢复的情况下，他坚持请求医院尽最大努力，用最好的药品进行抢救治疗。随后他又不惜重金，多次聘请北京、西安神经科专家会诊，3次做干细胞移植手术，56次进高压氧舱做辅助治疗，他用爱的坚持，终于保住了爱人的生命。

精心照料，无微不至。经过7个多月的住院救治，待病情基本稳定后，就把深度昏迷的爱人接回家中。王晓丽处于昏迷状态，毫无知觉，吃、喝、拉、撒、睡全要人照料。开始他雇了个保姆，专门来照料病人，但他感到保姆的护理不尽如人意，就毅然自己担负起了全程照管病妻的任务。王晓丽不知道吃、不知道喝，他就按住院时营养师嘱咐的饮食办法和每餐不同的营养配方，亲自动手把蛋奶、蔬菜、水果、肉酥、谷物等不同营养品制成流食，用食管给爱人喂食，每天四餐定时按量毫不马虎。每天4次给爱人换洗尿垫，6次翻身捶背，同时每天坚持给病人洗手、洗脸、洗脚、擦澡、洗头、剪指甲，随着时间的推移和经验的积累，他完全掌握了爱人吃、喝的食量和时间，摸清了排泄的规律，做到了及时管护，保洁干净。同时，依据医嘱及病体状况及时用药。10年多时间过去了，满仓不觉照顾病妻是拖累，而觉得是一种义不容辞的责任。在他的精心照料下，爱人的生命体征一直稳定，而且气色越来越好。

认真护理，坚持不懈。尽管医生明确告诉他爱人恢复的可能性十分渺茫，但满仓同志却坚持不懈，不言放弃，认真护理。他每天上午定时给爱人做全身按摩半小时，边按摩边给说家常话，一遍又一遍说过去幸福的往事，讲未来美好生活的前景。他还专门购置了一台收音机，播放晓丽过去爱听的歌曲和舞曲，为她放电视，边看边讲解，希望能唤起她的知觉，恢复语言及肢体机能。为了方便康复治疗和护理，他花了3000多元购置了多功能护理床和波动喷气型防褥疮气床垫。定时改变病妻卧姿，按时翻身，及时给爱人身体受压部位擦药热敷。卧床5年多，没有一处褥疮，肌肉没有萎缩。是他用真情陪伴着王晓丽，是爱心驱使着他坚持守护在病妻床前，他寄希望于万分之一，盼奇迹出现爱人早日康复。

爱心筑梦想，患难见真情。现在照料毫无知觉的爱人，成了他每天循环不断的工作。在和他同龄退休人员每天散步、聊天、打牌、娱乐的时候，他却依然坚守在妻子的病床前。俗话说久病无耐心，何况他也是花甲之人了。满仓的岳母及姨母看到女儿恢复无望的情景，便多次对满仓说你一定要管好自己身体，晓丽让她听天由命吧，但满仓却觉得几十年相濡以沫，过去由于自己工作忙，一家老小，全是爱人操劳撑持着；他常常回忆起在自己左腿患褥疮住院期间爱人既要在病床前照顾自己，又要搞好家中六亩多责任田的收种；他想起爱人用架子车套着小毛驴将自己从蔡家坡西机医院拉回家的往事。"现在她病倒了，是过去长期劳累所致，我不能忘恩负义，撒手不管，无论多苦多累我决不放弃。"他表示要陪伴病妻，一直走下去。他用坚贞的爱，守护着她，守护着家的完整。

菊凌寒霜香尤烈，人在患难情更深。满仓同志坚信爱人不会辜负他，一定会一天天的好起来。这种不弃不舍，真爱有加的精神，不就是我们提倡和传承的人间大爱吗！

（李周宣）

她让儿媳站起来

在素有"周礼之乡"的京当、祝家庄一带，我听到了许多好媳妇的感人事迹。在这个"仁孝"理念蔚然成风的大地上，却有一位白发苍苍的婆婆引起了我的格外关注。

她，便是年过八旬的吕仁香老人。

自从嫁到驸马庄村的丁家，至今已有60来个年头。回首半个多世纪的风风雨雨，虽算不上大富大贵，但一家几代的日子也算过得和和美美，快快乐乐。

对于农家人而言，衣食无忧，尽享天伦便是极大地满足了。可是，过了大半辈子安然生活的吕仁香做梦也没有想到：花甲之岁却突遭家庭变故！

1997年的夏天，颈椎一直不适的大儿媳妇祁彩侠的病情猛然加重，一时行动都成问题。乡镇医院和县上的大夫建议转院诊治，这时吕仁香毅然决然地与大儿子商量：去省城最好的医院看病！

在第四军医大学，权威的专家为祁彩侠做了系统会诊，椎管狭窄引起神经受阻而导致的复杂病况令全家人顿时陷入了绝望。虽经院方全力治疗，保住了一条性命，然而当年才38岁的祁彩侠，却因此落下了终身瘫痪的后遗症。

面对着大医院里的巨额医药费，望着不谙世事的9岁小孙子，吕仁香的内心五味杂陈，苦楚不堪，但是一看到双眼布满血丝的儿子和终日沉睡病榻的媳妇，吕仁香不得不提醒自己尽快振作起来，不得不抹去眼泪强打起精神来。此刻，她就是这个家的主心骨啊！

吕仁香不断地给儿子做工作：天大地大，身家性命才最大；财可舍物可舍，人命不可轻易舍！在儿媳妇住院的这3个多月100多天的日日夜夜，目睹了病痛带给人一次次难挨的煎熬与折磨，吕仁香如同在鬼门关走了一遭，世间的艰辛与苦难对她而言，已经算不了什么。

从西安回来后，吕仁香做出了一个让全家人始料不及的决定：她要和瘫痪的儿媳妇一起生活，她要肩负起照顾这个可怜孩子的重任！

吕仁香有三个儿子，祁彩侠的丈夫居长。之前她一直跟着最小的三儿子生活，向来都是被人照顾着的角色，现在却要以长辈的身份屈尊去自讨苦吃，这让几个儿子一下子有点接受不了。长子泪水涟涟地对吕仁香说："娘，您为我们弟兄姊妹受了大半辈子罪，该享清福的时候了，不曾想……"不待儿子说完，吕仁香便果断地打断了他的话："就这么定了，你快去老三家里把我的被褥抱回来！"

曾经当过多年生产队妇女队长的吕仁香，遇事就是这么沉着，处理事情就这么果断。她有着极好的群众工作经验，当年里里外外是一把好手。那年对越反击战时，老二报名要上老山前线，亲友们纷纷赶过来阻止规劝："千万不要让孩子去送死，战场上的子弹不长眼，万一有去无回可咋整？"吕仁香听不下去了，她大声反驳道："要都是这样想，每个家长都把孩子留在身边，谁去前线打仗？谁去保家卫国？"说到最后，她甚至咬牙甩出了一番大家深为感动的狠话："我有三个儿子，就算这一个回不来了，那也是为国尽忠，是光荣，我好赖还有两个儿子在身边，有人养老送终！"

那时候的吕仁香，操持着整个家里的事务，干完农活还要伺候公婆，更要操心几个孩子的成长。她不仅是远近闻名的好儿媳，更是村民眼里的"女能人"。现在，面对着长期卧床的儿媳妇，吕仁香深埋心底多年的那一股子劲头又在不知不觉中涌动，她不相信年纪轻轻的儿媳就此与床榻为伴……

终有一天，她一定要让儿媳妇站立起来！

儿子在镇上的水泥厂打工，有时一周也回不了一次家，吕仁香便默默地揽起了所有的活儿，常常是刷完锅碗端衣盆，扔下笤帚抓拖把，从早到晚像个不停转动着的陀螺，累得头晕眼花。祁彩侠身架高大，吕仁香每一次伺候完儿媳大小便，抱着她擦拭完身子后，自己总会满头满身都是汗，一屁股坐在炕头，许久也喘不过气来。那次下雨天，吕仁香在院子里不慎摔倒后，半天爬不起来，小儿子立即将母亲背回自个家，赶忙打电话叫回了大哥。呻吟不止的吕仁香并没有过多地看一眼自己的腿伤，不住地叮咛小儿媳妇："记着给你嫂子把中午饭做上！"

稍能下地时，吕仁香便又坐不住地赶回了老大家。儿媳祁彩侠眼瞅着痊愈无望，不忍年迈的婆婆被自己一天天拖累，内心既感焦急，又满是内疚，成天以泪洗面，到后来索性上演了一幕绝食的闹剧。她不吃不喝不说话，这下可急坏了吕仁香，她趴在儿媳的床头，苦口婆心地一句句安慰着，劝导着，用自己几十年经见过的世事耐心地做着说服工作，鼓励她重新鼓起生活的勇气。

前来探望的邻居看到这种场景，无不眼热地嘀咕：看看人家娘儿俩，虽是婆媳，胜似母女呀！

日子一天天地过去，在吕仁香十多年如一日地不懈坚守与精心照护下，奇迹终于发生了，儿媳祁彩侠凭借手中小小的板凳支撑着，居然慢慢地站立起来了！

消息传到四医大，曾经诊断的专家大夫们全都瞪大了眼睛，不可思议的人间神话真真切切地发生在一个名不见经传的乡村，发生在一对普普通通的农家婆媳身上！

或许，只有祁彩侠心里明白：是婆婆，是自始至终一直对自己不离不弃的婆婆吕仁香，用亲情和大爱，用汗水和苦心造就了这个医学上的奇迹！

（王英辉）

乐传家风万事兴

青化镇百岁寿星不多，凤家庄村务子一组吴生华老人算一个。四邻八乡群众提及吴老汉的家庭，无不伸出大拇指，连连夸赞说："老人能活到百岁高寿，多亏遇上个好儿媳妇陈当英。"当许多上了年纪的人，闻讯去吴家向陈当英探寻老人的长寿秘籍时，已年近花甲的儿媳妇说："哪有什么秘籍啊，公公活到100岁，儿孙们事业有成，得益于老辈人传下的孝老爱亲的好家风!"

周原故土民风淳朴。3000多年前,周人的先祖曾在这里励精图治,周文化的孝道之礼由此代代传承,涵养着这方土地上的民众,勤俭持家,孝老爱亲的礼乐文明深入人心。陈当英虽说是一个普通的农村妇女,自小耳濡目染,家风家训烂熟于心。嫁给丈夫吴周田后,作为一家之主,更是身体力行地传扬家风祖训,将一个八口大家庭,打理得井井有条井然有序,成为凤家庄村群众人人羡慕的五好家庭。

丈夫多年担任村民组长,还兼任村上监委会主任一职,官小事多,在外头忙起来顾不上家,小家庭几乎全凭陈当英安排操持。好在丈夫通情达理,两口子齐心协力,合理分工,女人管家,孝敬老人,抚养儿女。男人主外,种地管果园干工作,把小家庭经营得风生水起。

陈当英的公公随着年龄增长,起居不便,还患有胆结石。喜欢饮食清淡,饭菜要另做,还得时时操心留意,以提防跌跤摔伤。乡里俗语:老人跌一跤,炕上躺三年。陈当英每天大部分时间围着老人转,早晚为公公提尿盆这件小事,她坚持了30多年。平时一日三餐,老人坐在哪里,陈当英就指派丈夫、儿子把饭桌挪到哪儿,从不嫌弃桌子凳子搬出搬进的麻烦。上了年纪的人牙齿不好,咀嚼费劲,一次吃早饭时,细心的陈当英发现公公咬了口馒头,嚼了半天咽不下去,问了几次老人不好意思说。两口子还以为老人患了咽喉病,请教了医生后才明白,高龄老人牙齿松动,咀嚼有困难,咬不下瓷硬的馒头皮。这以后,每天吃饭前,陈当英提前将馒头、锅盔的硬皮撕下自己吃了,而将松软易嚼耐消化的馍心专门留给老人独食。受这件事的启发,家里炒啥菜,都要给公公单独做一份,多炒上几分钟,饭菜煮得烂一点,调和清淡一些,满足公公的口味。平日里做饭前,陈当英必先问老人想吃什么,顺着意愿擀面条、做油茶、蒸包子、烙菜卷、炸油糕……一天三顿饭变着花样不重复,宁愿自己辛苦一点,也要千方百计地让老人称心满意。人说一件事做起来容易，但十年二十年的坚持并非易事。陈当英照料公公几十年了，因为心里始终装着一个大写的孝字，她没和老人红过一次脸，没吵过一次架。乡邻们看在眼里记在心里，都夸吴老汉有福气，碰上了明事理有孝心的儿媳妇。

陈当英、吴周田两口子不仅孝顺老人，爱他们的小家，更是以中国农民老实憨厚的品德和默默无言地行动，深爱着共和国的大家庭。他们的大儿子刚到征兵年龄，两口子宁愿放弃孩子继续上学深造的机会，执意叫长子参军入伍，守卫边疆报效国家。几年后，二儿子长大成人，按照一般农村人的想法，已经为国家送出去一个军人，应该留下次子守家协助照管老人。当时两口子都五十出头的年龄了，一些重体力活力不能撑，迫切需要儿子帮扶一把，养儿防老也是人之常情。但陈当英不改初心，舍小家顾大家，力排亲友们反对，让二儿子也穿上国防绿，担当起保家卫国的责任和义务。一个农民家庭，将两个儿子全部送到部队，一干就是8年。这种大义之举和爱国之情，难能可贵，不正是社会主义核心价值观的体现吗？难怪凤家庄的干部群众都说，陈当英的家不仅是军属之家，更是爱国之家。

父母是儿女的第一任老师，家风是孩子成长的路灯。陈当英用自己的言行传承周礼孝道，践诺爱国之心，也同时在潜移默化中感染教育着儿子。两个孩子光荣退伍后，自谋职业，在不同的工作岗位上干得有声有色，个个事业有成。八口大家四世同堂，三个小孙子活蹦乱跳，终日绕膝而乐，一个温馨和谐的农家其乐融触，好不让人羡慕。

真是家和万事兴！

（赵林祥）

甘棠树下育才俊

教育是立国之本，强国之源。在当今全民重视教育的大环境下，一个农民家庭育出个大学生已算不得新闻，但岐山县凤鸣镇刘家塬村炊绪仓两口子，多年含辛茹苦，省吃俭用供养孩子上学读书，四个儿女先后考入大学，个个学业有成，一度成为十里八乡的大新闻，被乡亲们亲切地喻为"才子之家"。

周原农村数辈人传下一句口头禅：有文化的人不一般。这是周文化数千年在西岐大地潜移默化使然，尊师重教，育子成才人老数辈常挂在嘴上，践诺在行动中。炊绪仓老两口虽说仅读了几年小学，但在20世纪五六十年代的农村，夫妻双双能识字读报，这是很少见的。因为有文化，炊绪仓年轻时还在太白林业局干过几年合同工，这在刘家塬村同代人中，算是见过世面的。后来四个孩子相继出生，靠妻子一人挣工分养家实在难以糊口，炊绪仓才忍痛辞职回家，由于能读会写精于算账，曾担任了多年生产队干部，为家乡农业发展和水利设施建设，作出了应有的贡献。

20世纪80年代农村改革初期，乡里人吃饱了肚子，但由于市场尚未完全开放，农民大多仍以土地为生，粮食丰产了卖不出去，猪养肥没人收，挣点钱很不容易。炊绪仓的四个孩子能长能吃，一个接一个先后上了学，家庭经济入不敷出，是当时全村最困难的农户。尤其是两口子执意供三个女儿读书，在刘家塬村惹了一大堆闲话，有好心人看不过去，纷纷登门规劝：闺女养大迟早是人家的，识几个字就行了，不读书无关要紧，还是让早早帮父母养家吧。但炊绪仓抱着千难万苦也要供孩子读书成才的心愿，不改初心，力排众议，硬是让三个女儿没有退学。

家庭生活极端困苦，炊绪仓两口咬牙撑着，穿上节约嘴里省。有一年实在拿不出学费，借遍了亲友，这家三五元，那家七八元，仍然凑不齐，两口子一合计，干脆卖掉家里所有的细粮。懂事的大女儿看不过去，怕亏了家里人的身体，哭着央求说自己要退学打工挣钱，供弟妹们上学。炊绪仓恼火得连吼带骂，女儿不听。老伴在一旁声泪俱下地帮腔:"孩子哇,你爸心劲大,一门心思巴望着你们念书出来有出息,再苦的日子咱掖磨着过,你还是好好读书吧。"在两口子齐心协力说服下,大女儿含泪背着书包去了学校。那一年,全家人靠粗粮和野菜熬过了不堪回首的一段艰难日子。

忆起陈年旧事,提及曾经供儿女读书的艰辛,如今已经古稀高龄的炊绪仓眼含热泪,长久地哽咽无语。正是有了千千万万像炊绪仓这样不改初心,为国育才的平凡父亲,才有了共和国今天的发达强盛!

父母教育孩子不仅仅是简单的有学可上,最重要的是对他们自小在心智上的启迪,让其树立起远大的志向和正确的学习观。炊绪仓有文化,时常读书看报翻史书,熟记了不少脍炙人口的经典故事。四个孩子刚刚懂事,他就见缝插针,在土炕头,在饭桌前,甚至在地里收庄稼的间隙,炊绪仓都要顺手拈来,给孩子们讲"二十四孝"、讲"孔融让梨""孟母教子",并借题发挥,循循善诱,阐述"书中自有黄金屋"和"知识兴家强国"的道理。在他的启发下,孩子们个个长心智明事理,不与人比吃穿,刻苦用功,发愤读书,姐弟们比学赶帮,年年捧回"三好学生"奖状。

辛勤的哺育得到称心的回报。90年代初期,炊绪仓的大女儿炊翠侠,率先以优异的成绩考入陕西师范大学。几年后,二女儿炊翠芳和儿子炊天云双双金榜题名,踏进宝鸡文理学院大门,最小的女儿炊小云也考入杨凌职业技术学院。

一家连续出了四个大学生,轰动了刘家塬上的四邻八乡,被乡亲们传为佳话。炊绪仓育子成才的故事成为周围群众教育孩子的典型事例而广为人知。但没人去深究,一个老实巴交,种地为生的农民,要供养四个大学生,得付出多少的艰辛。在小女儿考上大学那年,家里已经为学费借遍了亲友乡邻,欠下了数万元债务,实在无法开口求借,炊绪仓只能年年去银行贷款……

如今，炊绪仓老两口孤守在甘棠树下，种着两亩地自食其力，安度晚年。他的四个孩子有三人从事教育工作，一个搞农业技术研究，都在外边成家立业，事业有成。儿女们用真实的言行，实现了父母的夙愿，以榜样的力量，感召着众多的农家孩子读书成才。

（赵林祥）

甜甜蜜蜜一家亲

沈奎荣是一名普通家庭主妇。她的丈夫叫袁晓平，是老袁的三个子女中唯一的儿子，大学毕业后在温州一家企业做中层管理。

自从沈奎荣嫁给岐山小伙袁晓平，袁家生活就有了崭新的变化。家住故郡镇涝川村的沈奎荣，已经不满足于深山大沟那种交通不便的艰苦条件，举家迁到新买的单元房了。

2009年11月，沈奎荣离开了生他养她的故乡河南南阳，远嫁到陕西岐山故郡镇涝川村。初来乍到，除了自己心爱的丈夫之外，她看到涝川这个地方，远离县城，地处深山，没有一点好感。

因为对丈夫的爱，渐渐的，她爱上了这个家，爱上了家里所有的人。丈夫袁晓平在家里是独子，上有大姐早已出嫁，下有小妹尚在外地打工。公公婆婆对待新进门的媳妇非常热情，就当作自己的女儿看待，小沈也就很快融入了袁家这个其乐融融的大家庭。

丈夫在温州工作，小沈在家照顾公公婆婆，无论吃穿还是头疼脑热，都离不开小沈的精心呵护。

日子就这样在平静而祥和当中过去了。小沈和丈夫第一个闺女出生了，全家人都沉浸在喜悦之中。

然而天有不测风云。2013年12月的某一天，第二个闺女甜甜出生不到满月，婆婆在午饭后突然感觉身体不适，小沈送到医院一检查，原来是得了宫颈癌！得知这一紧急情况，小袁也匆忙告假回家，带妈妈去医院医治。经过岐山医院、西安交大第一附属医院的住院治疗，幸亏及早发现，婆婆的癌症才得以控制。

回到岐山以后，婆婆又陆续在岐山、宝鸡住院将近3个月。

在住院期间，小沈一边带自己的小宝宝，一边为婆婆做一些可口的饭食。经过医院医生细心检查，婆婆同时还患有静脉曲张、高血压、肝硬化等症，要保守治疗，不敢做手术。

婆婆现在生活基本可以自理，但由于做过放疗，每走一阵就要休息一会。公公年纪也大了，儿子小袁不能经常待在家守护老人，平时就靠小沈来支撑住这个家。小沈真是一个铁打的"女汉子"，难怪大女儿上舞蹈班的其他家长这么调侃她。平时在家做好每顿饭，照料着公公婆婆吃了，再操心俩闺女吃，之后还要接送孩子上学。家里的柴米油盐、吃穿用度，都是"女汉子"亲自打理。

尤其是磨面，她要单独骑车，把收拾干净的麦子送到2公里之外的磨坊，再把磨好的面粉提到车子上放好，驮运回家。

婆婆平时用的药，早上一般是降压药，晚上还要服用中药调理睡眠。在公公带领小孙子玩耍的时候，小沈才有一点松闲时间赶紧筹备全家的三餐伙食。她每天晚上等老人睡了还要辅导孩子功课，帮助女儿解决学习上的疑惑。周末还要去兴趣班，在"花儿舞蹈"学校陪伴孩子练习舞蹈基本功。

小沈的公公，前几年视力一直不好，经过检查是得了白内障。2017年3月，小沈又陪伴公公去岐山县医院做了眼科手术。丈夫小袁没在家，她就每天把孩子送到学校，又急急忙忙去医院照顾公公。一会儿在家管婆婆，一会儿在医院忙护理，一会儿去学校接学生，一会儿到舞蹈班陪练舞。风风火火，忙忙碌碌，住院5天，就这么在她的陪护下过来了。

沈奎荣不甘做一个平凡的家庭主妇。2015年12月，小沈在丈夫帮助下，开发涝川优质的蜂蜜资源，申请成立了"岐山县涝川蜂产品专业合作社"。从申报到检测，到化验，到批准成立，虽然费了不少周折，但在沈奎荣看来，这个开始充满着辛劳，但这一切都是值得的。

当然，新鲜的事物刚刚起步，难免有许多未知的坎坷。小沈对今后生活充满了憧憬，她现在的忙碌，正是为了整个家的幸福，为了丈夫和女儿，为了公公和婆婆。正如蜜蜂在辛苦酿蜜之后，收获的正是甘甜如饴的蜂蜜！

因为，她知道，这一切来源于她对这个家庭每一个成员深深的爱。

（巨有峰）

崇德尚孝树典范

1995年隆冬，经人介绍，孙雪雪从平凉市区嫁到岐山县枣林镇张家沟村，与徐林岗结为夫妻。刚来到徐家时，家境让雪雪吃惊：父亲年逾古稀，三个姐姐已经出嫁，留下兄弟仨，上面一个哥哥先天性智力残疾，丧失言语功能，无法与人正常交流，就连吃喝拉撒也要人照料。一个弟弟还在中学读书。家庭收入仅靠耕种的几亩薄地。公公徐老汉虽说有铸烟锅嘴子（旱烟锅）的小手艺，可农村吸旱烟的人越来越少，生意冷清，收入微薄得可怜，日子过得很是恓惶。面对这种情况，雪雪后悔自己一时冲动嫁到这么个贫瘠地方，一度曾产生过离婚的念头。可又一想，美好的生活靠人创造，加之徐家人淳朴善良，令她打消了这个念头，发誓要带领徐家老小脱贫致富过上好日子。新婚不到一月，就打发丈夫外出搞建筑挣钱，她一人在家照顾两位老人和残疾哥哥。五六亩农田，收种拉运，浇地打药，她样样在行，从不叫苦叫累。晚上还要加班缝补浆洗，一到冬天，手肿胀得像鳖盖。为了节省几个钱，一年四季从未穿过时髦衣裳。就这样慢慢地家里发生了变化，日子一天天好了起来，2000年又操持着给弟弟娶了媳妇。

徐家二老体弱多病，常年药不离身。丈夫外出打工后，孙雪雪就义无反顾地承担起侍奉二老的责任。生活上尽量做老人可口的饭菜，烧菜时总要多焖几分钟，生怕老人牙齿不好咬不动。老人患了病，她再忙也要亲自陪护去医院，打饭喂药，搀扶起居，护理得细致入微。她明白两位老人最大的心病就是操心哥哥，担心他们去世后无人照管。雪雪不止一次地对公公婆婆说："你们放心吧！大哥永远是我和林岗的哥哥，只要有我俩喝的，就有哥哥吃的，我们一定会照顾好的，绝不让他受罪。"在孙雪雪的精心照料下，两位老人毫无遗憾地于2015年4月和12月先后辞世。时年公公84岁，婆婆76岁，在农村也算高寿。听说老人在弥留之际，拉着雪雪的手，落下了感激的泪水。

公公婆婆去世后，孙雪雪本想随丈夫一块外出打工挣钱，一看哥哥无人照管，她毅然放弃了外出的打算，并和丈夫商议，便将哥哥接到自己新盖的家中，像伺候老人一样细心照料哥哥的衣食住行。村上的人无不钦佩地说："宗林虽然不幸，疯疯癫癫的，可是有雪雪两口子不离不弃的照料，他又是最幸运的。"哥哥经常会不打招呼地乱跑，跑了又不知道回家的路，曾发生过几次走失迷路的情况。有一次，走失后寻找了两个月时间。雪雪跑遍了岐山的村村镇镇，到处张贴寻人启事，光车票就攒了一沓沓。最后在驻村扶贫工作队和众多好心人的帮助下，才从扶风救助站接了回来。街坊邻居无不感慨地说："要是没有雪雪的找寻，有三个岗娃都丢得没影了。"自那以后，雪雪为了防止走失情况再次发生，她给哥哥每件衣服上都缝制了姓名和电话号码，还花钱购买佩戴了标志手环和定位器。

孙雪雪两口子的行为也熏陶了子女，让孝亲敬老的美德传承了下去。女儿在西安理工大学上学，放假回来一定要给伯父洗几次衣服。儿子在宝鸡振华学院上学，放假回来还要睡到伯父的炕上陪说话。村里老人都羡慕地说：雪雪家教好，两个娃懂事，有出息。

岂不知身教胜似言传，孙雪雪的行为早已植根于儿女们的心田。

（李扬帆）

和谐家庭春风暖

北吴邵村，因是唐代大科学家李淳风的出生地而闻名遐迩。李增科就是出生在这里的一位地地道道的农民。

1993年，24岁的李增科在家里人的张罗下，与邻村的姑娘王明芳喜结连理。从此，两个人开始了共同创业、发家致富的道路。

李增科、王明芳两口子用勤劳的双手和吃苦精神，从一个建筑工人开始，一步一步地创造、积累着财富，一步一步地改变了生活条件，逐渐走上了令人羡慕的建筑企业老板地位。与此同时，孝敬双方老人，使他们安度晚年，成了他们俩心中的一个目标。

结婚第二年，李增科的母亲因身患大病要做手术，适逢妻子生产，幸福美满的小家庭没有因此受到牵连。他们克服重重困难，在医院跑前跑后，既悉心照料妻儿，又为母亲的手术筹措借款，忙得不可开交。

母亲做手术住院将近两个月，孝顺的儿子和媳妇在困难中侍候母亲近两个月。母亲出院后，增科夫妇悄悄商定，把年迈的父母接到身边好好孝敬。谁知几经劝说父母，结果老人还是喜欢在农村居住养老。父亲过七十大寿，增科夫妇以给父亲庆寿为名，把父母接到自己的身边，在众多亲友参与的寿宴之后，增科夫妇两口子再次挽留父母。倔强的父母看到小两口子都要拼打事业，住在一起还是不方便，又断然拒绝了儿子儿媳的一片孝心善意。

李增科夫妇当即决定：顺从父母意愿，把老人安顿到农村老家。无论手头的事有多么忙，都要抽出时间回老家，哪怕是在家陪陪父母聊聊天，问问老人需要什么。他们定期给父母检查检查身体，时刻关注老年人的健康状况。夏天陪老人避暑，冬天陪老人晒太阳。老人要吃个什么，爱吃什么，他们都记在心里。自己做得好吃的，都忘不了及时给家里老人送一份过去。

前些年每逢冬季，父亲的老寒腿毛病经常要犯。增科夫妇就把老两口接到自己家里。家属楼里的暖气，不仅减缓了老人的疼痛困扰，更是增添了老人晚年的生活舒适感。在家里夫妻二人分工明确：儿子给老父亲洗脚搓澡，给老母亲揉背捏肩；妻子给婆婆亲自搓澡修剪指甲，每天变着花样给老人做可口的饭菜。

"媳妇在我家里的贡献最大！"这是李增科在笔者采访时最直接最有感受的一句实在话。媳妇王明芳，在娘家时就有良好的家教家风，嫁给李增科后，在李家做着贤惠孝敬的人妻，操心着三个老人（公公、婆婆和自己的亲娘）的生活冷暖，经常回娘家给自己的老娘洗澡，并把孤独在家的老娘带出去跳舞健身。

他们的孝心言行深深地影响和带动了李家全家族每一个人，连儿孙辈也是逢年过节给老人买这买那，平常电话问候不断，一份浓浓的亲情，维系了李家整整一个家族。

李家的三个女儿，轮流回来看看父母，不时带给双亲各种美味以示孝顺。孝顺父母，难就难在给父母一个好的脸色和心理宽慰，尤其是细节的孝顺。李增科作为家中三个姐、妹的兄弟，细心的他想到姐妹回家要么是扎堆成群，要么是连续冷清好几天不回来，就安排姐、妹分开轮流来看父母，避免出现一时热闹人多，一时没人冷清的情况。

对于明芳这个媳妇来说，孝敬老人是她最美最真的风采写照。新出锅做好的臊子肉，明芳记着先给公公、婆婆尝鲜；时兴的老人衣服，明芳记着先给公公、婆婆买一身。老人稍有头疼脑热，就急忙催促增科立即送医院就医。

由于李增科、王明芳夫妇对待老人孝敬有加，他俩的孝顺美名远近闻名，乡亲百姓中有好的口碑。连住在农村分家多年的哥哥增录也不甘落后，时常把做好的好吃的送到婆婆家里，时常嘘寒问暖。

老人幸福的生活，成了李家全家人围绕的生活中心。

进入古稀之年的婆婆，逢人就夸："两个媳妇都好，别人都以为是亲闺女哩！"妯娌之间争先孝敬公公婆婆，兄弟、妯娌之间关系也比以前更加亲近了。

一年一度的春节，在李家来说是大团聚的日子。李增科的父亲为老大，每到大年三十晚上，李家三位老弟兄，在儿子辈、孙子辈的簇拥下，会齐聚到增科父亲的农家院子，一起欢度新春佳节，一团和气，其乐融融。李家在喜气、祥和的气氛中欢度着除夕，迎接春节的到来。儿子、媳妇争着赛厨艺，孙子孙女们抢着给老人送礼品。老人脸上洋溢着甜美的欢心，子女们心中荡漾着无比激动的快乐。和谐、幸福、美满的李姓大家，在大年除夕夜的欢乐氛围中享受着天伦之乐。

李增科的办公室墙壁上一副书法对联，特别引人注目：

孝敬父母当及时；莫叫遗憾悔终身。

孝顺父母是中华民族的美德。这种美德在家庭中可以说是良好家风形成的催化剂。增科的儿子如今已经参加工作了，受到父母的影响，也坚持每次从西安回来总是第一时间回去看看祖父祖母。大哥的儿子晓鹏还亲自接祖父去洗澡，买特产孝敬姥姥、姥爷。

如果问李增科怎么去看待及时行孝，他总是低调地应付说，应该做就做，不考虑什么。

古人云："孝为百善之首。"和谐的李家从来没有出现过兄弟斗气，妯娌相怨。面对老人，他们永远是笑脸和顺从。年近90的老父亲有时候因为身体原因，大发脾气，甚至恶语相向。李增科、王明芳两口子从不生气，还有意识地为老人讲一些逸闻趣事，给他们聊聊东家的长、西家的短。逗老人开心似乎是他们孝敬老人最大的满足。

北吴邵村村支部书记张宗孝介绍，人人称道的李增科夫妇被授予"和谐家庭"，夫妻二人的孝顺美名家喻户晓。

"谁都有父母，谁都有老的那一天。我们也有需要别人照顾的时候，我们现在做出榜样来，好好孝敬老人，等我们老了儿女才会孝敬我。"如此朴素的语言，从李增科的口中说出来，绝不是什么充满激情的豪言壮语，却蕴含着生活的真谛：简单而又质朴的中华传统——孝老敬亲。

（巨有峰）

残弟有个好姐姐

王宝红是个普普通通的农村妇女，40来岁，个头不高，身材中等偏瘦，为人处事通情达理，精明能干。无论是在外创业做生意，还是在家赡养老人，样样事儿都不甘人后。受到丈夫的尊重，婆婆的夸赞，也赢得了村民的一致好评，乡亲们都夸她是少见的女能人、好媳妇。

王宝红1975年出生在凤鸣镇太子村。她是家中的老大，下面有两个弟弟，其中大弟叫王保锋，小她5岁。出生不足满月，因用药不当损伤了大脑，导致四肢功能严重障碍，且哑口失语，大小便不能自理。10岁前，连饭都吃不到嘴里，只能躺在床上靠母亲一勺一勺地喂食。幼年的宝红常常追问母亲，为什么弟弟不和她玩耍？母亲长长地叹口气，一语不发，继而以泪洗面。稍大点后知道了弟弟的病情，不再纠缠母亲，乖巧的宝红想方设法教弟弟认字说话。村小学离家不远，老师上课给她教的生字，往往趁热打铁，现蒸现卖，时常利用课间休息时间或体育活动，偷偷跑回家给弟弟手把手地教。为此没少挨老师的罚站。弟弟舌根僵硬，不会发音，她做口型，十遍八遍地重复，直至含糊地发出声音。至今，保锋说的话只有她和母亲能听懂。

20岁的宝红到了谈婚论嫁的年龄，追求她的帅小伙不少，有些人家托媒婆三番五次登门。宝红给媒婆亮出了底线，一要离家近，二要与她一起照顾弟弟。许多相亲的人一看保锋的身体状况，望而止步没了音讯。眼看着一年一年长大，爸爸急得直跺脚，一再催促宝红说："你别担心锋锋，有我和你妈哩，有合适的快订了吧！"宝红却不紧不慢地说："爸，我知道现在有你和我妈，那么你们老了咋办？谁管锋锋？"一席话说得父亲沉默无语。最终，仓颉庙村一个帅气腼腆的小伙走进了宝红心扉。他就是现在的丈夫上官红周。当宝红第一次见面提出，我有个残疾弟弟需要照管时，知书达理的红周毫不犹豫地答应了。

屋漏偏遭连阴雨。就在宝红结婚的第四个年头，刚过50岁生日的父亲突发脑溢血，没有给家人留下一句话就去世了。一霎时，家里的顶梁柱倒了，母亲受不了这突如其来的打击，整天水米不进以泪洗面。保锋穿着孝衫，坐在轮椅里，把头深深地埋下去，昼夜为父亲守灵。二弟年幼，尚不懂事。宝红一看家里老的老，残的残，小的小，这可咋办？她擦干眼泪，心里默默念叨：要坚强，我不能倒下，弟弟们还要靠我呢。她强忍悲痛，在乡亲的帮助下，和丈夫一起料理了父亲的后事。

那天，几位好心的邻居劝慰母亲，说阎王爷不睁眼，叫走好好的一个人，还不如让这个累赘儿子先走了。此话被守灵的保锋听见了，他艰难地将轮椅挪进厨房，颤颤巍巍拿起菜刀，悄悄来到后院，拼命地砍自己脖子，一下、两下……鲜血四溅，染红了洁白的孝衫。这时，有人正好到后院喂羊，发现后大惊失色。经过医生清洗伤口，共13道口子。好在保锋手没力气，刀口不是很深，未造成生命危险。宝红被这情景吓蒙了，她既气恼又伤心，心疼地抱住弟弟哭喊道，"锋锋，只要有姐一口水喝，就有你一碗饭吃，你咋这么傻呀……"

从那以后，宝红将开导弟弟作为第一重任。她一有空闲，就跑回娘家，陪母亲说话，给弟弟做思想工作。

保锋自幼喜欢画画，常常坐在轮椅上照着院子里的树用脚在地上乱画。宝红就买来笔和纸，还有许多儿童画册，鼓励引导他用笔在纸上画。开始脚趾头不灵便，几十次尝试都失败了。宝红就蹲在跟前，笔掉了捡起来另夹，脚趾头伸张不开就小心地掰开，腿困了、脚麻了就帮他揉揉。一点点，一次次，保锋终于用脚画出了第一张画，他高兴得"呀呀"直喊。宝红拿着弟弟的画，逢人就说，我锋锋能成得很，你看用脚画的画。消息传出去后，县残联专门派人前来慰问。2015年5月，还为保锋举办了个人画展，展出期间，爱心人士争相购买。保锋手里掂量着一沓票子，拉着宝红的手说："姐姐，我能养活咱妈了，不再是家里拖累咧……"

保锋为了练画画，有时一坐就是几个小时，尿憋了，怕耽搁时间，就忍一忍。结果这样时间长了，想尿却尿不出来。一次，母亲去地里干活不在家，他尿憋得直冒汗，实在无计可施，就把一段锈迹斑斑的铁丝捅进尿道里自行排尿。结果尿虽排了，铁丝却拔不出来。母亲回来后，一看裤子上的血迹，一再追问，他才说出了实情。宝红接到母亲的电话，扔下饭碗，从柜里拿了3000元和老公直奔娘家。拉到医院后，大夫十分吃惊，影像显示，8号粗的铁丝一直捅进了膀胱，需紧急手术。宝红二话不说，签字、缴费……跑前跑后，在手术室门口一直守候到晚上12点。回到家里时，两个孩子趴在床边睡着了，手里还攥着吃剩的半块冰馍。

在宝红的精心照料下，保锋很快就出院了，这时，宝鸡市残联正好举办残疾人才艺展演，县上通知保锋参加。宝红感到这是天赐良机，不可错失。那阵儿，老公跑车走成都正需要她帮忙，她却毅然决然地护送保锋去宝鸡展示才艺。在展演间隙，又把保锋推到商场和公园游玩，让保锋平生第一次逛了大城市。保锋激动地说："外面的世界真美，姐姐你真好。"

王宝红为了娘家，为了这个残疾兄弟，不惜一切代价，甚至不惜与老公闹矛盾。红周曾不止一次地说："人家娶的媳妇为自家过日子，你却人在曹营心在汉，尽操心了娘家。"红周嘴上说归说，但行动上还是全力支持，他想方设法帮助宝红。因为他清楚妻子的个性：心地太善良了，即使自己受多大的苦、多大的委屈，也决不让残疾兄弟遭一丁点罪。

正是宝红夫妇无微不至的关怀、鼓励和照顾，保锋自强不息，超越自我。他的足画曾先后荣获岐山县残疾人书画展一等奖、宝鸡市残疾人才艺竞赛二等奖，其中两幅作品还入选中国残联举办的"仁美书画展"。他本人也被岐山县政府残工委表彰为"自强模范"。

（朱宏让）

四世同堂乐融融

何清江出生于1933年，婚后育有两儿一女，现在四世同堂，全家共16口人。老人和妻子都是有着60多年党龄的老党员，几十年的风风雨雨，他们从来没有吵过架。在老人的耳濡目染下，"有事商量着来"成为这个大家庭处理家庭事务的基本原则。

何清江老人的家虽然不大，但是干净整洁。墙上挂着各类荣誉证书、奖牌和奖杯，最显眼的就是楷体书写的家训和全家福的照片。老人说，这些东西就是一家人的精气神，让家训上墙，目的就是让儿孙们时刻铭记于心。

除了客厅的家训，何清江老人的床头还贴着他用毛笔书写的"福寿常春合家乐，家风文明万事顺"。在他看来，一家人就要和和睦睦，互帮互助。

何清江的女儿出嫁后，两个儿子一直没有分家。在农村老家，两兄弟住在一个院子，搬到城里后，一家大小吃的还是"一锅饭"。多年来，兄弟两家不分彼此，相互帮忙。

何清江的长子何文福是扶风氮肥厂的退休职工，二儿子何文博目前在岐山县农村公路发展中心工作。家庭成员相互理解包容、责任共担，夫妻之间、兄弟姐妹之间互帮互敬，妯娌之间从来没有因为照顾老人而吵过架。不论多忙，只要逢年过节，他们都会回到父母身边团圆，这也成为一家人坚持了30多年的"家庭制度"。

2009年，何清江的老伴杨凤莲因脑出血住院，儿子、儿媳、女儿、女婿轮流陪护老人住院，精心管护。出院后，小儿媳亢红丽天天给婆婆按摩、做饭洗衣。如今，老人的身体已经完全康复。

之前在农村时，何清江一家乐善好施，谁家有困难，他们定会鼎力相助。现在虽然住在了县城，但只要村里谁家有事，何文福、何文博兄弟俩都会赶回去帮忙。"我爸说，根在哪里，家就在哪里，不管走到哪里，咱都不能忘了根。"何文博说。

何清江一家人热衷于公益事业，帮助了不少困难的特殊群体，得到周围人的纷纷点赞。近年来，何清江家庭先后荣获岐山县好家风示范户、岐山县首届文明家庭、宝鸡市文明家庭、陕西省文明家庭等荣誉，何清江老人也获得"宝鸡最美老人"称号。

（宝鸡新闻网　陈云哲）

常怀感恩的王巧生

她，一名普通的农村妇女；她，一个平凡的农家媳妇；四十多年如一日服侍体弱的婆婆，无微不至，从不言弃，无怨无悔，她的孝心感染着子女，她的事迹传遍周边村镇，她就是蒲村镇蒲村村邢前组王巧生，现年71岁。

王巧生时常教育自己的子女铭记这样一句家训："百善孝为先。""孝"要从小做起，从点点滴滴做起，我们要经常心怀感恩之情，让老人的付出得到应有的回报，哪怕是一个会心的微笑，一句问候的话语，一个小小的祝福，父母也会看在眼里，喜在心里。回报父母的养育之恩是中华儿女的美德，让老人安度晚年是每个子女义不容辞的责任。上行下效，老人抚养好子女，子女赡养好老人，尊老爱幼的风气就能一代代传承下去，只有这样中华民族的这一传统美德才能发扬光大。

王巧生是大家闺秀，知书达理，将家里打理得井井有条，把两个子女养育成才。如今，她也成了婆婆，儿孙满堂，尽享天伦，她总对人说"这是社会好！我们沾着党的光！"

王巧生在村里知感恩、爱家人是出了名的。早年娘家侄儿育有一女，而后夫妻离异，侄孙无人照看，她便把孩子接过来，视如己孙，细心照看，心疼孩子的遭遇，呵护孩子的心理。孩子一天天长大，到了上学年龄，她早送晚接，侄孙如今已在她家生活了五年，给这个家也带来了无尽的快乐。

王巧生老人常说："共产党好！没有共产党我们就过不上这么好的日子，所以我们要听党话，感党恩，跟党走。"她家居住在蒲益路边，她看着宽阔的道路，漂亮的文化广场，心里充满幸福生活的喜悦，便自觉承担起打扫马路和广场卫生的义务，一干就是好多年。

她常存感恩之心，用自己每一点行动回馈着长辈、回馈着社会。王巧生老人还请先生给自己写了一幅"一心向党"的字装裱起来，挂在房间。她时常提醒自己，教育儿女，知感恩，爱社会，听党话，跟党走。在她的引领下，后辈们知恩图报，成为有出息的人。

（《岐山好家教好家风风采录》）

弘扬好家风的老教师

岐山县雍川镇何家村四组退休教师苗晓智，毕业于陕西教育学院，本科学历、中共党员，2017年被岐山县关工委授予"最美五老"称号。

苗晓智出生于一个书香门第，祖孙三代均为教师，专心于"做照亮别人、燃烧自己"的育人工作。他以自己的行动，践行着"尽己所能，报之家园"的好家风。

苗晓智从教师岗位上退休后，仍然不失育人本色，积极加入关心下一代队伍，主动承担起乡村青少年教育关爱工作，发挥着老教师的余热，无私奉献着智慧与力量。先后帮扶特困家庭学生2名，挽救失学儿童2名，帮教留守儿童4名。还动员乡村退休工人肖兴仓、苗安让等同志参与关心下一代工作，在苗家祠堂办起了图书室，组织青少年读书看报，学科技，学文化，增知识，长才干。举办红色故事讲座，为村民举办道德大讲堂活动。

从2018年5月起，苗晓智想方设法创造性地开展工作，征得县关工委支持，吸纳周围4个村庄民众意见，将苗家原祠堂三间空房打造成"家风家训馆"，将失传近半个世纪的祭祖、拜祖传统文化习俗恢复起来，借此宣传苗氏祖训，振兴苗氏家风，引导教育人们凝心聚力，向上向善。这一举动受到苗氏家族2000多人的称赞，同样也受到中共岐山县纪委监委的挂牌认定，成为岐山县关工委"青少年教育基地"。

苗晓智还整理了苗家红色故事中的23位英雄人物肖像及简介，整理了雷锋、王杰、董存瑞、邱少云、黄继光、巨晓林等时代楷模画像及事迹，办起了苗家"红色纪念馆"。因苗家地窖曾掩护过中共领导人——习仲勋、汪锋，苗晓智便查县志、查家谱，深入民间调查座谈，整理了苗家红色传奇故事，充实了"红色纪念馆"内容，教育引导青少年传承红色基因，争做时代新人。

几年来，苗晓智接待参观、读书青少年4000多人，宣讲红色故事60多场，受教育青少年5000多人次。在苗晓智的带动下，何家村已涌现出8户好家风示范户，21户"十星文明户"。

（《岐山好家教好家风风采录》）

好家风示范户曹应海

　　曹应海，现年56岁，其妻贾永丽，现年54岁，二人系蒲村镇公子庄村曹彭组村民。多年来，曹应海用自己的行动诠释着"忠孝·友爱"的好家训，自始至终用他的孝心和爱心为家庭、为村民做榜样，是大家心目中有口皆碑的好人。

　　改革开放以后，农村生活得到很大改善。农闲时，曹应海像村中所有的男劳力一样，常常外出打工以补贴家用。虽是大字不识几个的农民，但他的踏实能干和为人处世却得到大家的一致好评。然而"天有不测风云"，2018年10月，家中80多岁的老母亲不慎摔倒，导致腿部骨折，需要人不离左右专门照顾。母亲行动不便，妻子身体也不好，曹应海毅然放下外面的工作，回家照顾母亲起居。回家后的日子里，他陪着母亲看病、聊天，从不嫌弃病中母亲的唠叨和如孩子般地无理取闹，耐心地照顾着母亲的日常生活，劳而不怨。人常说"久病床前无孝子"，但曹应海照顾母亲没有一句怨言，他每天坚持推轮椅上的母亲到村子里转悠散心。不仅如此，他还到处求医问药，给老人看病，一年来花费了数万元却无怨无悔，邻里乡亲都夸他是难得的好孝子。曹应海用实际行动践行着孝道，印证着他的孝心，展示着一个农村人善良、孝顺、仁慈的美好形象。

　　曹应海不但是个好孝子，还是一位能干的热心人。他在悉心照顾母亲的同时，还积极支持公益事业。他待人友善真诚，处处为他人着想，是大家眼中的能人、好人。村子里男劳力大多外出打工，有时吃饭或休息时有人来请他帮忙，他都会笑着接待，放下碗筷先为其排忧解难。对于一些行动不便的老人，他只要听说家中需要帮忙，就会主动上门服务，让老人们无后顾之忧。曹应海的这种全心全意为他人的生活态度，耐心细致的生活作风，持之以恒的热心之举，深深打动着身边的每一个人，提起他，村里人人都竖大拇指。

曹应海虽然只是一个普通的儿子，一个平凡的农民，但他却以不平凡的心态，为家庭做贡献，为子女做楷模，为村民搞服务，他的事迹值得大家学习。

（《岐山好家教好家风风采录》）

孝老勤和家道兴

岐山县凤鸣镇太子村七组孙建军、康清秀夫妇，拥有着一个幸福美满的六口之家。三代同堂，全家人用自己的勤劳、朴实和宽容守护着最真实的幸福，享受着最舒心的生活。丈夫孙建军为机械加工技术员，现在岐蔡路边经营着一个车辆维修点，爱人康清秀是大棚蔬菜种植能人、文化娱乐带领人。女儿已出嫁，儿子孙勇热情上进，勤奋好学。家庭成员继承先辈"德为重，孝为先；和为贵，勤为本"的家训。遵纪守法，热爱集体，乐于助人，诚信待人，热心参与各项公益事情，受到了村民一致称赞和好评。

孝为先。俗话说：父母就是孩子的一面镜子。孙建军和康清秀夫妻俩十分注重孩子的教育培养，既教孩子学知识，又教他学做人。为了让孩子从小孝敬老人、尊敬长辈，他们夫妻以身作则，言传身教。

孙建军与康清秀结婚20余年，他们坚持与父母一起居住。康清秀始终把公公婆婆看作是自己的父母来孝敬。凡事向他们请教，听取他们的意见，坚持勤做家务，边做家务边与婆婆聊天、学习厨艺、沟通感情。平时从不同途径、用不同方法孝敬他们，过节、过生日买衣服、礼物送给他们，让他们觉得儿媳就是他们的"女儿"。2012年7月一个阴雨天，她的婆婆不慎滑倒，扭伤脚踝，不能行走，康清秀一边照顾婆婆，另一边还要为其他大棚种植户进行技术指导。婆婆病愈后，一直对邻里夸奖"我家的这个媳妇比我亲女儿还亲"。

和为贵。走进孙建军家的客厅，抬头可见一幅锦绣横匾"家和万事兴"以及他们一家六口的幸福美满的全家福，还有满墙的孩子们的奖状和夫妻俩的荣誉证书。他们夫妻助人为乐，与邻里相亲相爱，团结和睦，他们常说"不分你我他，我们都是相亲相爱的一家人"。他们结婚20余年来，恩爱和睦，一起承载工作、生活的重压，从没有见过他们红过脸，吵过架，为孩子们成长营造了一个和谐的家庭环境。

勤为本。2008年，村上响应上级农业部门的号召，种植大棚瓜菜，孙建军、康清秀夫妇率先用辛苦积攒的一点钱开始了大棚种植。当时蔬菜大棚还没有发展起来，很多农户都质疑大棚经营能否获得收益。康清秀得知这个创业项目后，抱着试试看的心理承包了2个大棚。大棚种植需要一定的专业技术。康清秀总是早起晚归，认真了解西瓜栽培、防病虫害等问题及时向农业技术人员请教解决。凭着一个"勤"字，他们家的大棚西瓜皮薄瓤红、香甜可口，已经远近闻名，带来了良好的经济效益，家庭生活环境和条件也发生了翻天覆地的变化，小日子过得红红火火，成了全村发家致富的示范带头人。他们常说"一家富了不算富，大家富了才算富"，富裕起来的他们时刻不忘身边群众，总是毫无保留地向别人传授自己的致富心得，有力促进全村大棚经济发展。他们用实际行动践行"孝为先、和为贵、勤为本"的家训，为下一代的健康成长铺就着，人生的道路。

（《岐山好家教好家风风采录》）

妇女主任的好家风

家就像根，永远是树叶的归宿；家就像陈年佳酿，融进了许多宽容和理解，包含了更多的生命内涵。谈起杨菊侠的家庭，很多人都会流露出羡慕的眼神，因为她拥有一个幸福美满的家庭。她们家有丈夫、儿子、儿媳和孙女。成家几十年来，他们用生活、工作中平平凡凡的事、点点滴滴的情诠释着夫妻恩爱、孝敬老人、关怀子女、热心助人的家风，赢得了周围人们的赞美。

关爱家人，家庭和睦。杨菊侠作为雍川镇麦禾营村的一名村妇女主任，她默默地支持着丈夫的事业，承担着教育儿子的责任。平时夫妻俩生活上相互关心、相互尊重，工作上相互理解、相互支持。他们结婚多年来，家里总是充满着和谐的气氛，笑声不断。"学会理解和包容，要懂得感恩，想想自己，想想别人，每一个人都不容易。"这是她感悟最深的一句话。自他们结婚以来，夫妇之间，始终注意尊重对方，做到相互理解。她能够用一颗热爱家庭、关爱家人、希望老人安康、儿子健康向上的善良之心，真诚对待家庭中的每一位成员，使这个家庭成为人们羡慕的和谐家庭。

言传身教，育子有方。因丈夫工作忙，杨菊侠在家承担了大部分家务。在家庭中，她是勤俭持家的爱妻，更是成功的母亲。她常常教育儿子："人活着不能光为自己，应该常思为他人做些好事，为社会贡献点力量。"在她的影响下，孩子们刻苦学习，积极工作，儿子和儿媳工作都很出色，经常受到单位的表彰和奖励。

团结邻里，互帮互助。杨菊侠夫妻俩是助人为乐的人，邻里关系也处理得非常融洽，深得邻里的信任和尊重。在他们看来，这是人的一种本能。他们经常帮助亲戚、邻居做一些力所能及的事情。杨菊侠在村委会工作，村子里面不管谁有问题找她，他都热心地帮助解决，她以自己的言行践行着自己的家训，以良好的家风激励着子女们永远前行。

（《岐山好家教好家风风采录》）

爱心鞋垫显家风

杨会兰，生于1952年9月29日，是枣林镇神差村秦家庄村民小组一名普通的家庭妇女。她为人和善、热情、宽容、亲切，得到邻里街坊的赞扬。

2008年汶川地震，她从电视上看到受灾群众的处境，看到灾区支援的武警官兵和志愿者的艰辛，看在眼里，疼在心里。她要为他们做些啥？她想到自己还有做鞋垫的手艺，便萌发了为灾区困难群众做鞋垫奉献自己爱心的想法。由于儿子、儿媳在外打工，孙子、孙女需要人照顾，家里农活需要人做，她克服困难，利用孙子、孙女上学时间和睡觉时间做爱心鞋垫。酷暑天热，她跪在水泥地面上抹衬布，热烘烘的地面烘得她汗流浃背，她凭着自己一颗火热而真挚的心每天起早贪黑，一针一线做鞋垫。为了鞋垫暖和、耐穿，她做的鞋垫比街道上卖的厚实很多，半年后，第一批300双鞋垫做好后，分别送给岐山、扶风、眉县民政局各100双。民政局收到包裹后，记者来采访，她说："为人做好事，本来就是我们的家风。我做的是鞋垫，献的是爱心，目的就是做给孩子们看，让他们从小传承好家风，做有爱心的人。"

她60多岁的人，眼睛不好戴老花镜，这几年老花镜换了好几副，但她仍然没有放下手里的鞋垫，这一坚守情结，打动了儿子、儿媳和丈夫的心，儿媳有空也给婆婆搭把手，丈夫把自己领的养老金也给她，让她添置布料和针线。她的行动也感染了孙子、孙女，他们也给奶奶搭把手，让奶奶有更多时间做爱心鞋垫。爱心鞋垫显家风，杨会兰成了十里八乡称赞的"爱心人"。

（《岐山好家教好家风风采录》）

"林盛堂"里好家风

我叫郭全录，是凤鸣镇北郭村郭前村人，现经营民俗接待工作。位于北郭民俗园牌楼西北街的"林盛堂"就是我的家。"林盛堂"是清光绪年间家里的堂号，我家三代厨师，至今德艺俱传。我们"林盛堂"的家风祖训是"崇德尚礼、睦邻友善、诚实守信、励志勤学"。

在我家中，从祖辈、父辈到晚辈都践行崇德尚礼。在我小时候，父亲一个月仅几十元的工资，但当爷爷生病和身体不适时，他都会细心地照顾爷爷，并给爷爷买好多吃的和相关药品。而且父亲每次从高店回来都先去爷爷的房间看望和问候爷爷，问寒问暖，有时直到深夜才回屋休息。

家庭是社会的细胞，小家庭内部和谐了，家庭与家庭关系融洽了，才能达到社会的和谐。俗话说远亲不如近邻，所以，处理好邻里关系，善待他人也是一个家庭家风的呈现。在我家，母亲曾是20世纪80年代的县政协委员，她年轻时是大队、公社缝纫部的骨干，常为困难群众减免加工费，有时甚至分文不收，教会了许多邻居妇女，使她们掌握了缝纫技术。另外母亲在做农家醋方面传承了奶奶的技术，以至在我办农家乐以来，发挥了她的特长，而且谁家在做醋时，不懂不会的，都向我母亲询问。甚至远涉几十里，而我母亲也会把她的做醋技术毫无保留地传授给她们。

我工作30多年，主要从事两个工作。一个是早些年继承母亲的裁剪手艺，在县凤鸣市场搞裁剪和缝纫工作，再一个就是在2000年县委县政府成功举办了第一届周文化艺术节之后，我回乡开办了农家乐。不管是过去的裁剪和缝纫工作，还是后来的农家乐经营，我终始坚持"以诚为本、信誉至上"的原则，发扬我们祖辈、父辈诚实守信的做事原则。古语有："言而无信，不知其可也"，这说明，诚信乃做人最基本的要求。在我做裁剪工作时，曾被县市场管委会授予"诚信经营户"称号，在民俗接待中也曾多次获奖。

在我们家族中，三伯和我父亲都讲述过他们做厨子的艰辛和不易，才有后来他们在方圆十里八村红白喜事去做餐时乡党的赞美。从我辈来说，我本人通过自己努力继承母亲的裁剪手艺，后又开办农家乐，儿子和儿媳在凤翔经营化妆品生意，女儿郭笑，毕业于西安理工大学，现在在上海工作。我大妹子毕业于上海同济大学，大妹夫毕业于清华大学，他儿子在澳大利亚留学，现已工作。二妹子曾在日本做过裁剪工作，把我们中华民族的旗袍文化带出了国门，二妹夫毕业于宝鸡文理学院，现在宝鸡工作。二妹子家的孩子毕业于中国农业大学，硕士学位。在"励志勤学"的家风的影响下，我们家的晚辈们互相学习，你追我赶，争做学习的佼佼者。

当然，作为岐山人，我们要在传承"厚德、仁爱、包容、求实"的岐山精神下，传承和发扬家风。与时俱进，给家规、祖训、家风赋予新时代新的内涵，也要把传承家风、家规和传承周文化结合起来，传承好家风，弘扬社会主义核心价值观，为下一代营造一个良好的教育环境，为建设和谐社会作贡献。

（《岐山好家教好家风风采录》）

勤劳致富好家风

我叫黄琼，"勤劳致富"是我们的家训。

2008年我辞去工作，跟随丈夫回到岐山县枣林镇赵家庄开始做面皮，批发面皮。当时由于丈夫炒股负债很多，所以好多工序都是我们自己手工完成。我在家里和父母一起做面皮，他负责送货，接送学员。由于距离县城比较远，我们每天都要两点钟起床做面皮，4点出发送货。就这，我们当时配送了县城20多家的面皮，日产面皮2000多张。2008年，我们开始成立御京粉公司，注册商标，建网站，进行网络推广，面向全国招募学员，培训擀面皮技术，销售面皮机械和岐山辣椒粉、醋等特产。

从2011年开始，我们就开设了淘宝店，购买了真空机，生产真空面皮，在网上销售，由于当时运费贵，时效慢，所以我们给外地发128元的产品，运费高达98元，根本没有利润，第一次在淘宝上开店卖面皮遭遇了失败，我们就把培训学员，销售机械和岐山特产作为主线发展。

到了2014年，公司开设的御京粉食府，御京粉旗舰店，御京粉农家小院，御京粉经二路店，御京粉胜利塬店整体业绩不佳。正当公司逐步缩减店面，收缩产业的时候，微信火了，我当时尝试加入卖化妆品的微商团队，学习微商运营模式，积极调研市场，研发新产品，改进包装，利用微信，大量招收代理，进入微商领域，我们御京粉公司在当时是整个面皮行业第一家把面皮带入微商这一平台的。公司仅仅用了3个月就发展代理1000多人，半年发展代理5000多人，每天销售面皮最高达2.2万份。去年全年销售总额780万元，开发36种岐山当地特色食品和特色小吃。微商的发展使我们御京粉的产品从岐山走到了全世界，在韩国、日本、美国、新西兰都有我们的客户。也是我们御京粉才把整个擀面皮微商行业带动起来了，现在我们公司投资建设了600多平方米的无尘面皮加工车间，直接带动附近农民工56人就业，在岐山，在微信上从事擀面皮销售的从业者不下万人，每天销售50万份之多，已经成为我们当地的富民小产业。

网上销售如火如荼的时候也带动了网下技术培训，连锁加盟业务，公司学员相继在中国台湾基隆、新竹，大陆及新加坡开设加盟店380家，8年来累计培训1600名学员。我在发展的同时始终以推广宣传岐山小吃，带动大家一起发展。

事业取得成功的同时，我和丈夫也创建着我们的幸福家庭，婆婆和公公都70多岁了，在老家，我们每天回家看望老人，给老人洗洗涮涮，丈夫把厂子建设在老家也是为了照顾老人方便。靠勤劳我们建成了富裕的家庭。我们常常教育孩子，勤劳是成就事业的基础，在我们的教育引导下，两个孩子勤奋学习，苗壮成长。

（《岐山好家教好家风风采录》）

第五章 家风家训传佳话

家风是中华优秀传统文化重要内容之一，家风正、社会和、国家安。社会文明离不开千千万万个好家风，而好家风的践行传承往往和家训家规连在一起，家训家规是家庭成员必须遵守的规矩，是培育良好家风的行动指南。在漫长的历史岁月里，中华民族大家庭凝练出众多各具特色的家规家训，是家风建设之瑰宝。让我们守护好家风，谨记好家规家训，用好家风正己，按好家规家训处事，让诚信、友爱、仁义、慈孝、节俭、自律等优良传统世承代传永放光芒。

名人家训家规

文王《保训》开先河

周朝，是中华文明承上启下的一个重要时代。中国的很多文化现象，都是在周朝确立的，比如说，中国现存最早的成文家训——文王《保训》，就是"清华简"中最早被编排出来的。《保训》是文王逝世前，对武王在治国理政方面的教导。

《保训》由11支竹简组成，每支22至24个字，其中第2支简上半残失，还没有找到，不过篇文章大体已经齐全。这些简的长度只有28.5厘米，是"清华简"中最早编排起来的一篇简书，并被命名为《保训》。

据《中国史研究》2009年第3期李学勤先生《清华简〈保训〉释读补正》一文所录，《保训》全文如下：

惟王五十年，不豫，王念日之多历，恐坠宝训，戊子，自靧水，己丑，昧〔爽〕……〔王〕若曰："发，朕疾壹甚，恐不汝及训。昔前人传宝，必受之以詷，今朕疾允病，恐弗念终，汝以书受之。钦哉，勿淫！昔舜旧作小人，亲耕于历丘，恐求中，自稽厥志，不违于庶万姓之多欲。厥有施于上下远迩，乃易位迩稽，测阴阳之物，咸顺不逆。舜既得中，言不易实变名，身兹备惟允，翼翼不懈，用作三降之德。帝尧嘉之，用受厥绪。呜呼！发，祗之哉！昔微假中于河，以复有易，有易服厥罪，微无害，乃归中于河。微志弗忘，传贻子孙，至于成唐，祗备不懈，用受大命。呜呼！发，敬哉！朕闻兹不旧，命未有所延。今汝祗备毋懈，其有所由矣。不及尔身受大命，敬哉，勿淫！日不足，惟宿不详。"

经过专家们反复讨论，《保训》的释文大致内容是：周文王在位五十年的时候得了重病，他预感到自己将要离开人世，担心没有时间向其继承人传授宝训，戊子日这一天，他自己洗了脸，第二天他把太子发（即后来的周武王）找来，对太子发说："我的病已经很严重了，担心没有时间对你加以训告。过去人们有传承'宝训'的传统，我说的这些也就是过去所说的'宝训'，你一定要把它牢记在心，恭敬做事，决不能放纵自己。"文王接着说："以前舜出身于民间，亲自参加劳动，舜就去求取'中'，能够自我省察，将事情做好。舜获得了'中'后，更加努力，毫不懈怠。舜的行为得到了尧的赞赏，尧就把自己的君位传给了舜。"

周武王也没有辜负文王的期望，牢记文王教诲，修身养德，勤于政事，励精图治，终于在文王去世后的第四年春天，起兵东进，打败商纣王几十万大军，推翻了商朝统治，开创了煌煌八百年周朝历史。

著名历史学家、清华大学教授李学勤先生认为，文王《保训》里所含的"中"的观念，或称中道，是《保训》全篇的中心，也是文王向武王传授的核心内容，它与儒家后来所说的"中庸之道"有着内在的联系。这种"中"的观念对于修身齐家治国平天下都有着重要意义。

中国文字学会会长、安徽大学中文系黄德宽先生认为，《保训》蕴含的思想关涉到中国传统文化的"中道"和"阴阳和谐"观念，这些观念是长期影响中国主流文化的核心元素，也是家庭建设中应该遵守的基本原则。

3000多年前，周文王临终前给武王传授治国理政和中和、德治之道的家训文献——《保训》，这是一篇饱含帝王之术的家训之作，是一篇重要的中国家训珍品，值得我们在家庭建设中学习借鉴。

孔府箴规留圣训

号称"天下第一家"的孔府，因为是孔圣人衍圣公的故府，又名"衍圣公府"，这里一直居住着孔子的嫡系长房子孙，历经数千年而不衰，从这里接受孔府礼仪熏陶教育的无数子弟中，许多是享誉中华的名人。

孔子在教育其3000弟子的同时，也一直没忘记对自己孩子的教育。孔子的教育不择时间地点，有一次他在庭院散步，看见儿子孔鲤向外走，就连忙把他叫到身边问：最近你学习诗经和礼仪一定要不能松懈，因为"不学诗，无以言；不学礼，无以立"啊。后来人们把孔子这次在庭院里的随机教育叫作"庭训"，这可以说是孔府见于记载的最早家训。此后，孔府后裔尊崇祖训，学诗明礼，修德济世，贤者辈出。西汉经学家孔安国，东汉文学家孔融，唐代经学家孔颖达，都是孔门涌现出的佼佼者。

到了明代，孔氏后代开枝散叶，遍及全国各地，大宗小宗难以计数。孔尚贤就是其中一员，他是衍圣公第64代，为了弘扬祖宗遗风，规范族人言行，万历十一年（1583年），孔尚贤主持制定了《孔氏祖训箴规》，是孔氏家教理论和原则的系统化、全面化。

这个《箴规》共有11条，涵盖了孔门各阶层族人待人处世的言行准则，其指导思想是："崇儒重道，好礼重德"，其基本要求是："父慈子孝、读书明理、克己奉公。"此后，孔氏后裔谨遵《箴规》，律己待人，处世接物，不少人做出了有益于社会有益于人民的事情。明代崇祯年间，山东一带，瘟疫流行，民众患病者不计其数。孔子第65代孙孔胤植奏请朝廷免除捐税，并自掏资金救济灾民，活命无数。67代孙孔毓珣在湖广任职时，修筑江堤，防涝安民，百姓称之为"孔公堤"。

时至今日，孔府箴言已经熔铸于孔氏家族的心灵深处，也深深影响着中华民族。孔府箴言是中华民族精神家园中亮丽的奇葩。

诸葛亮的《诫子书》

诸葛亮是中国古代杰出的军事家、谋略家，是中国老百姓家喻户晓的著名人物。他辅佐刘备复汉兴蜀，勤勤恳恳，肝脑涂地，病逝于岐山县五丈原，留下"鞠躬尽瘁，死而后已"的感人佳话。

诸葛亮一生鞍马劳顿，忙碌不朽，但百忙中却从不忘教育子孙外甥，《诸葛亮集》《太平御览》中收录的《诫子书》《又诫子书》《戒外甥书》等，反映了诸葛亮重视后代教育的良苦用心，也为中华家庭教育留下了珍贵的箴言。

诸葛亮有两个儿子，为了教育他们成为能当大任的可用之才，他倾注一腔心血写下了流传久远，影响重大的《诫子书》。书中著名的论断："夫君子之行，静以修身，俭以养德。非淡泊无以明志，非宁静无以致远。"成为许多人修身养性的依凭。在他的正确教导下，子孙们忠君爱国，积极作为。长子诸葛瞻，热爱父亲创建的蜀国至死不渝，当魏国侵占蜀国，敌人利诱他投降，他宁死不从，以身殉国，年仅37岁。长孙诸葛尚（诸葛瞻之子）随军南北征战，在迎击魏将邓艾伐蜀战斗中失利，不畏魏军威逼利诱，力战而死，年仅19岁。诸葛亮子孙三代被后人誉为"三代忠贞"的贤良。

诸葛亮为自己开创的蜀汉事业，献智献力，呕心沥血，不贪不占，清白做人，干净做事，逝后只留下了人格力量，没有留下多少财富，体现了难能可贵的精神品质。从他逝世前不久，给后主刘禅写下的表陈中就可以清楚地看出。"臣家成都有桑八百株，薄田十五顷，子弟衣食，自有余饶。至于臣在外任，别无调度，随身衣食，悉仰于官，不别治生，以长尺寸。臣死之日，不使内有衣帛，外有赢才，以负陛下也。"数言寸心，一个清廉忠贞一心为国的忠臣形象跃然纸上。

诸葛亮后代秉承先辈家风，在漫长的历史岁月经过实践历练，又形成了一整套完备严格的家规家训，并刊于中华《宗谱》卷首。这个形成于宋元、完善于明清的诸葛氏家规，共有15条，内容涉及为人处世的方方面面，对于调处家族内部伦理关系、贫富关系，凝聚家族、和睦乡里、规范子弟言行，起到了相当大的作用。

家训鼻祖颜之推

颜之推是我国南北朝时期的思想家，曾先后在前梁、北齐、北周、隋朝任官职。一生经历四朝兴衰，三度沦为亡国之人。世事沧桑，人间坎坷，使他深感家业盛衰与后代教育的重要关系，因此他在做官的忙碌间隙，挤出时间，历时数十年，写下了中国首部系统化、理论化的《颜氏家训》，被誉为"古今家训，以此为祖"。

《颜氏家训》全书共七卷20篇，内容广泛，涉及立身、求学、处世、文字、声韵、训诂、校勘等。其中家庭道德教育是《颜氏家训》的最重要方面，内容具体、丰富，阐述了处理家庭各种关系的伦理原则和基本方法，列举了家庭伦理应学习的楷模，提出了许多有价值的宝贵思想。

《颜氏家训》主要精神：家教对培育子弟德行具有不可替代性；家庭教育宜早不宜迟；家庭教育要既威严又仁慈；为人持事立身、积万贯家财不如学一门薄技；求学的目的在于指导言行、举止文明；人的名声好坏在于修行的程度；养生之道在于锻炼、调养、保健，要顺乎自然；见义勇为是有志之士万死不辞的节义。

由于《颜氏家训》的滋润陶冶，颜氏后代出现了众多优秀人才。如唐代训诂家颜师古、誓不降敌的颜杲卿、著名书法家颜真卿都是了不起的颜氏杰出人物。

以德服人严氏训

《严氏家训》诞生于东汉，是严光所立。严光，字子陵，所以又叫《子陵公家训》。严光是汉光武帝刘秀的同窗好友，学识渊博，见解独到，志向远大。刘秀起兵时，严光为重要谋士，为东汉建立立过大功。但是，当刘秀建国后大封功臣时，严光却主动归隐山林，远离庙堂，誓不为官。刘秀亲自延聘，他也没有出山上任，而是选择渔樵耕读，一直活到80多岁，最后逝世在一个叫钓台的小地方。

《子陵公家训》共56条。其最大特点就是特别注重心灵陶冶和道德教化，教导后代要慈爱恭敬，以德为尊；立家须有法度，要戒贪、戒奢、戒骄、戒躁，友睦乡邻。君子要以民为先，子孙次之。严氏家训还要求做人要勤于自省，吾日三省吾身，见不贤而先内省。要防微杜渐，不断提高道德境界。

严子陵一生不想出人头地，不想引起人重视，但越是这样却越引来历代名人雅士的追捧。著名史学家范晔在《后汉书》为他立传；中国山水诗人谢灵运为他赋诗；范仲淹为他在钓台立祠，还亲自写了《桐庐郡严先生祠堂记》，结尾曰："云山苍苍，江水泱泱；先生之风，山高水长！"表达了对严光的崇敬之心。

严子陵淡泊名利，轻视权贵，不为富贵功名所动，又崇尚自然，热爱自由，其高风亮节成了中国文人的精神偶像，严子陵的钓台则成了中国文人的精神家园。

严子陵的家乡，后来姓氏增加了许多，不时发生矛盾纠纷，在严氏一族带领下创办"少年同乐堂"。每年正月十三至十五，全村各姓少年集齐一堂，同温严氏家训，共创和谐相处其乐融融良好境况，体现了严氏先人以德服人的处世智慧。

黄庭坚《家诫》启后人

黄庭坚，字鲁直。北宋江南西路洪州府分宁（今江西省九江市修水县）人。我国著名文学家、书法家、江西诗派开山之祖。

黄庭坚自幼聪颖过人，又十分勤奋，过目不忘，书读数遍就能背出来，加之家风优良，亲属中众多文人学士的教育培养，使得他在文学书法等方面都有很好的造诣，取得了辉煌成就。

黄庭坚做学问成效显著，做人也很优秀。他自小就是一个孝子，虽然家里有人负责倾倒父母的溺器，但知道特别喜爱干净的母亲受不了便桶的臭味，所以他总是及时倒掉便桶的溺物，并立即洗刷干净，几十年如一日，从未间断。即使后来，他身居高位，名扬四海，也不忘时时孝敬父母，有空仍然坚持为母亲清洗便桶。黄庭坚的孝行被收入流传很广影响较大的中华"二十四孝"，为人们行孝树立了榜样。

黄庭坚也十分重视家庭教育，晚年时候，他在曾祖父主持制定的《黄氏家规》基础上，总结自身治家经验写下了著名的《家诫》。这则《家诫》是黄庭坚积几十年所见所闻，总结出的治家兴家之道，对黄氏家族乃至所有家庭都有借鉴意义。

黄庭坚的《家诫》启示我们：相处和睦、融洽关系是家族兴盛的根源所在。家和则兴、不和则败，是千古不变的治家至理；以诚相待、宽容大度，是家庭成员相处的首要条件；自我修养、自觉意识，是家庭和睦兴旺的坚实基础。

古代提倡家庭和睦的事例多之又多，但像黄庭坚这样教育子女，列举实例、详尽剖析、耐心教导的实属难能可贵，《家诫》可谓这类家庭教化文章的典型，其影响能达千百年之久完全在情理之中。

包公治家立铁规

说起北宋的包公（包拯），无人不知、无人不晓。他做官心系民众，铁面无私，刚正不阿，是中国历史上屈指可数的清官好官。他是庐州（今安徽省合肥市肥东县）人，字希仁，天圣进士，担任多种官职，谥号"孝肃"。

包拯出生官宦儒家，父亲接受过儒家教育，担任过官吏，自幼对包拯要求严厉，进行过儒家清正廉洁教育，为其成为清廉正直楷模奠定了基础。

包拯既是大忠臣也是大孝子，他曾经为了照顾年迈的父母，主动请辞去距离家乡很远地方做官的安排，一直侍奉父母逝世，守孝满三年，才在亲友们的劝说下出仕为官。

公元1040年，包拯任端州知州，任内他凿井取水，储粮为民，还创办了当地第一所书院。端州是中国著名的端砚产地，一直是朝廷贡品，达官显贵无不以有一块名砚为荣耀。深得百姓爱戴的包拯，在离任时，当地百姓集资购了块上好端砚馈赠包拯，包拯非但自己拒不接受，还反复叮咛随从要坚决拒收。

宋代时候党争激烈，高官纷纷拉帮结派建立小圈子。一身正气的包拯既不建立圈子，也从不参与团团伙伙，守贞如初，洁身自好。从不巴结权贵，谄媚上方。他清廉正派，生活朴素，穿的衣服、用的器具、吃的饭菜和普通老百姓毫无二致。

为了教育家人和子孙后代，包拯制定了家训，流传久远的《包氏肃公家训》只有短短37字，具体是："后世子孙仕宦，有犯赃滥者，不得放归本家；亡殁之后，不得葬于大茔之中。不从吾志，非吾子孙。"字字刚厉，句句威严，这些力重千钧的词语，给子孙提出不敢贪不能贪的严苛无比的要求。

在包拯的严格要求下，他的儿子包绶也是民众爱戴的清官，虽然官至六品，但一世清廉，过世后，箱囊之中，除书籍外，仅在衣袋找出46枚铜币。其孙子包永年"莅官临事，廉清不扰，而孝肃公之遗风余烈在也"。这些说明，包氏子孙一直恪守家训，严格要求自己，以实际行动落实了家训信条。

大儒朱子的家训

朱熹，字元晦，又字仲晦，号晦庵，晚年称晦翁。祖籍今江西婺源。生于今福建省尤溪县。南宋著名的理学家、思想家、哲学家、教育家、诗人。

朱熹自幼聪颖好学，每天天不亮就起床，穿戴整齐，就去家庙跪拜先圣神位，接着就去书房读书，有时候看书疲倦了，他就闭目养神，时间不长就又拿起书本，不是读就是写，每天如此，正因为他勤勉不辍，19岁就考中进士，在多地任职的间隙，著述了大量文章，成就一代大儒，成为号称朱子的大圣人。逝世后被追赠为太师、徽国公，赐谥号"文"，故世称朱文公。

朱熹为圣人君子，言行堪为楷模。其对子弟教育也严格认真，具体入微。他曾经这样要求孩子：走路要从容、规整，不手舞足蹈，不慌慌张张，而要稳稳当当。即使在家里，也要注意一举一动，保持良好走路势态，只有在长辈呼叫时才能应声跑过去。朱熹的孩子长大后都很懂礼仪，待人谦和，礼仪周全，很得时人赞赏。一时，人们跟着朱家学习礼仪竟然成了风气，带动了当地社会风气的好转。

有一天，朱熹去看望女儿。女婿是个穷书生，家徒四壁，没有什么可以招待亲人，女儿只好去后院摘了几根香葱做了个葱花汤，然后煮了点麦饭。女儿很愧疚地把这些端上来给父亲吃。朱熹非但没有生气，还安慰女儿说：俭朴度日子，正是我们朱家的家风。这样的饭菜已经很不错了，吃起来可口。到你们这里来时，我看见许多人家屋顶上穷得没有冒烟，可能连锅都揭不开。

朱熹逝世后，不但留下了万卷宏文，还给朱家留下了300多字的治家格言。其中许多今天还有借鉴意义。《朱子家训》以"齐家、修身"为宗旨，内容丰富，涉及安全、卫生、勤俭、有备、饮食、房田、婚姻、祭祖、读书、教育、为官、谦和、无争、交友、自省、向善、安分、积德等方方面面。通篇都是讲积善成德劝人向善，这个包含真情和哲理的家训流传甚广，被许多人尊为"治家之经典"。

吕祖谦苦心制《家范》

吕祖谦，字伯恭，婺州（今浙江省金华市）人。南宋理学家、文学家，与朱熹、张栻并称为"东南三贤"。吕氏先祖原籍开封，在北宋期间出过五位宰相，17位进士。靖康之变后，宋室南迁，吕氏家族随之南渡。吕祖谦继承祖先留下的遗风佳训，著有《家范》留存。

吕祖谦的《家范》共有六个部分，分别是宗法、婚礼、葬礼、祭礼、学规、官箴。其中宗法篇的主旨是"敬宗收族"，即通过孝敬、拜先人聚拢家族人心。吕祖谦身体力行，老人生前他竭尽孝敬之能事，老人逝世后，他在父母陵墓前丁忧护守长达6年。学规篇的主旨是"读书先做人"。吕祖谦做学问反对浮夸，强调"讲实理、育实材、求实用"，其中蕴含着实事求是的态度。朱熹对此很认可，在白鹿书院办学时借之为镜鉴，他还把长子朱塾送到吕祖谦门下学习，并叮嘱他要"事师如事父"。《官箴》篇指出"当官之法，唯有三事，曰清、曰慎、曰勤。知此三者，则知所以持身也。""清""勤""慎"三个字，是吕氏家族对于子孙为官的规矩，也是中华廉政文化的宝贵财富。

其余《婚礼》《祭礼》《葬礼》各篇，也都是教育子孙知礼守礼谨守的规矩。元朝脱脱修编宋史时，称赞其"居家之政，皆可以为后世法"。

吕祖谦以家规家范来实现良好家风的代际传承，体现了吕祖谦哲学思想和先进理念，对吕氏家族后代人才辈出有着重要关系。

陈玑留下的族训

陈玑，字天仪，今河南省漯河市源汇区人。明嘉靖二年（1523年）

中进士。先后任过知县、知府、按察使等。

陈玠出生在家风良好的普通人家，父亲陈鸾，一生勤勉耕作，自幼对陈玠严格要求，陈玠勤奋好学，考中进士仍然好学不辍，陈鸾有机会就对儿子进行教育训诫。许多下级官员知道陈玠是廉洁正直的官员，也没有人因为私情去拜谒他。有一回，有个官员犯事，就跑去给陈鸾送了不少钱，请求出面求情。陈鸾断然拒绝了这笔贿赂资金，并写信给陈玠，嘱咐他一定要从严执法，办理这件事情。最终，陈玠依法办理了这个案子。

因为，陈玠为官清廉，被任命担任运河钞关这个肥差，陈玠在任职期间，不负朝廷、不负百姓，恪尽职守，廉洁从事，真正做到了"千金手头过，不沾分毫厘"。

陈玠不但洁身自好，也注重教育家人传承优良家风。陈玠为族人留下9000多字的《风宪里陈氏族训》就是陈玠注重家风族风的体现。凝结着陈玠家风教育心血和陈氏优良传统的近万字的族训，从"孝父母、友兄弟、教子女、敦宗族、正婚嫁、亲师友、敬尊长、肃家风、求学问、勤职业、节财用"等诸多方面对族人言行举止进行约束规范。

陈玠训诫族人要厉行节约，比如举办婚礼，迎亲不用鼓乐仪仗，一切从简。他嘱咐族人要重视对子女的日常教育，他说："若养而不教，教不以正，甚至姑息为爱宠，成矫情，日甚一日，则不可救药矣！"陈玠还训诫族人，为官不可当祸国殃民的坏官，而要做解民倒悬的好官，否则祖宗的好名声就会受到玷污。他要求全体族人从今往后，前后相承，延续不断，永远为戒。

恪守族训，注重家庭教育的陈氏，后代中许多人表现优异，明清两代考中进士、举人80余人。陈氏家族在外担任官员的子孙不少政绩优异，清正廉洁，百姓为他们建祠立庙。

郑氏规范流传广

一个家族多代和睦而居、被旌表者称为"义门"，这种合族欢聚一堂绵延久远的现象，是中华传统儒家文化、人类社会大同理想的宝贵实践。其中义门被多个朝代连续旌表的例子，在中国历史并不多见。在我国有"义门"的称号比较有名的有江西义门陈氏，陕西义门王氏，其中最为著名的莫过于浙江义门郑氏。一般义门，五世、七世就已经难能可贵，但郑氏义门整整延续了15世，堪称中国历史上的奇迹。

郑氏义门位于浙江浦江镇，这个家族的始祖是春秋时期的郑桓公，到宋朝郑绮已经是55代孙。从北宋重和元年至明代成化十五年，郑氏家族在浙江金华生活了360多年，合族聚居，以孝义治家，其乐融融，闻名一方。家族鼎盛时期有成员3000多人，那个时候，合家老小黎明即起，钟鸣四下，盥洗八下，全体人员到祠堂聆听族训，然后男女集体进膳。饭后各就各位，各操各业，种桑纺麻，耕读传家，井然有序。生生不息长达300余年，可谓世界家庭史上的奇迹佳话。这个家族长期和睦相处的历史向后人昭示，大家风范的根源就是治家有道，人人有教养有素质。

对郑氏家族而言，治家有方治家有道绝不是一句空话，而是天天聆听、日日背诵的治家规范在约束着人们的一举一动，使全体家庭成员不敢逾矩越规，从而维持着祥和有序的家庭关系。这个规范由宋代郑绮主持制定，洋洋洒洒长达168条。郑氏规范，以朱熹家礼为基础，从祖宗祭祀、婚姻嫁娶礼仪、家庭管理、家长职权、人员分工、财物分配、妇规、交往和睦邻关系，都做了详细的规定。内容完备，指导性、实用性极强的这个规范，被誉为中国传统家训的重要里程碑。

这个如一部治家宪法一样全面完整严肃严密的治家制度规定，家庭宗子是长子长孙世袭制，但其权力被严格制约着，他只具有子嗣名分，在家中仅仅掌管祭祀，其余大事无权过问，家庭日常管理则是民主选举出最有威望的家长执掌，设助理二人，还有一名监事，监督是否有人违规而行，这个位置任职只有二年，保证监督不流于形式。这个家庭一直因为良好的道德风貌而著称于世，代代出清官，朝朝皆良民，只有懿德善行，没有丑行记录。"隆古之治在乡族，固国之本在巨室""平天下必从齐家始"。郑氏义门还被中共浦江县委列为廉政教育基地。

《朱子家训》享誉久

说到《朱子家训》，我们知道有两个著名著作，一个是南宋大儒朱熹所作，名为《紫阳朱子家训》，一个是明末清初朱柏庐所作，原名《朱柏庐治家格言》。朱熹比朱柏庐名气大得多，但朱柏庐的《朱子家训》比朱熹的却影响更大、流传更广，说明朱柏庐所作家训更全面、更接地气。

朱柏庐本名朱用纯，字致一，柏庐是他的别号，明末清初江苏省昆山县人，是有名的理学家、教育家。清顺治二年（1645年），其父亲朱集璜在守昆山城抵御清军中身亡。因为对明朝怀有深厚感情，一生未在清朝入仕，早年在家乡教授学生，潜心治学，以程朱理学为本，提倡知行并进，躬行实践。他认为当时流行的教育方法，学生难以真正学到学问，便撰写了《辍语录》，反思教育现状，探求求新求变途径，产生了一定影响。他的《治家格言》也体现了他知行合一的教育思想。

在教书授业过程中，朱柏庐深感家风家训对培养社会有用人才的至关重要性，他把自己一生实践和思考结果展现于他525字的《治家格言》。字字珠玑的朱柏庐《治家格言》，以儒家"修身""齐家"的核心思想为宗旨，广采儒家为人处世的经验和良方，从治家角度谈论了包括"卫生、节俭、饮食、教育、读书、理财、为官、行善、纳税"等诸多方面。堪称治家的规范教科书。它能够采用循循善诱、步步深入的方式，见微知著，从如何治家说起，然后到修身做人，落脚到处事治理国家，内容深入浅出，语言浅显畅达，说理中肯易懂。加上对仗工整，音韵和谐，读来朗朗上口。所以一经问世，就不胫而走，成为家喻户晓、脍炙人口的教子治家经典。其中居身务期质朴，教子要有义方，持家以勤为上，邻里务必和睦相处等观点为历代儒家贤达所尊崇，在今天也不乏现实意义。朱柏庐一生虽无轰轰烈烈的惊天壮举，只清清白白为人，认认真真读书，兢兢业业育人，经过不懈思考提炼出一部金玉良言般的《家训格言》，为中华家庭教育建设树立了标杆和遵循，从此而言，他的贡献不可谓不大。

朱柏庐一生养性修德，节俭务实，勤勉不辍，为其后人治家立身树立了样板。直到晚年仍不改佳风。据说他70岁生日时，家人给做寿，来了许多亲朋好友，不少人都送来贺礼，他一边感谢，一边坚决拒收，甚至家里的孩子他只要他们行一个礼就对了，不铺排不讲究，招待客人也只上了一些素菜，简简单单就算过了一个大寿。妻子怕这样遭人笑话，他却淡然地说："自奉须得俭约。"

女教准则是《闺范》

女子是家庭重要组成部分，我国传统家教著作，有专门针对女子教育的训诫和经传类书籍。其主要内容就是为适应培养贤妻良母、孝女节妇的需要，宣扬封建伦理观念，维护家庭社会秩序服务。明代吕坤的《闺范》就属于这类著作。

吕坤是我国明代著名学者，宁陵（今河南省宁陵县）人，著有《呻吟语》等著作。在明代学者中，吕坤以"反对虚淡，崇尚笃实"而闻名。他撰写的《闺范》，是女子教育的范本，在相当长时期流传很广。

吕坤撰写《闺范》的目的，就是为给女子进行礼法教育，为女子树立学习仿效的榜样。该书分"嘉言"和"善行"两部分。前者主要辑录了明代以前先哲关于家教特别是女子教育的言论，后者包括女子之道、夫妇之道、妇人之道、母道、姊妹之道、姒娣之道、姑嫂之道等。书中记录了家庭中不同角色地位妇女的懿行善举，并阐发了自己有关的思想观点。以现代观点看，《闺范》确实有一些糟粕，但涉及的家庭人伦关系的处理准则，不少地方仍然有借鉴意义。

婚嫁要重德轻财。吕坤在"嘉言"部分，应用并肯定了先贤王通、吕虞翻等婚娶方面重德轻财的思想。匡衡认为《诗经》"窈窕淑女，君子好逑"二句，表达了品貌皆佳的女子与品德高尚的男子相匹配，忠贞不渝，且情感流露合乎礼节的思想。他对此很认可，觉得这种古代淳朴率真不为金钱所羁的男女爱情关系值得提倡。他还提出"天福其人，不在贵族"的思想，反对门第观念。他认为，无论一个人财富多么丰厚，门第多高，如果没有良好的品德，家庭也不会和睦兴旺。

夫妻应相敬如宾。吕坤认为夫妻相处之道贵在互敬。这种互敬应该表现在家庭生活的每一件事情上，在任何地方都不能松懈。同时，妻子应该以爱夫为正务，要积极辅助丈夫成就事业。

为母之道在于有教有慈。吕坤把为母有道的母亲区分为"礼母（以礼教子）""正母（望子以正）""仁母（慈祥仁爱）""公母（责子恕人）""廉母（以贪戒子）""严母（威德教子）""智母（达于利害）"和"慈继母（恩及前子）"八种，上述母亲都是能够正确对待和应用母爱，做到寓教于爱寓爱于教之中，这样的母亲才能教导孩子健康成长。

生女未必无益。中国封建社会一直存在重男轻女男尊女卑思想，吕坤虽不能完全否定这种根深蒂固的思想观念，但他大力表彰杰出女性如花木兰、缇萦、谢小娥事迹的举动，明确表达了"女子未必不如男"的思想。

李氏治家存良方

李氏（名号不详），系清代太平县（今安徽省黄山市）人，其生卒年月及生平事迹已经不可考，但所著的《李氏家法》却流传甚广，影响颇大。

《李氏家法》包括引言、尽子道、笃友于、宜室家、睦宗族、立族长、别男女、严规则、谨茔墓、供赋税、惩忤逆、禁乱伦、禁嫖娼、戒邪淫、禁赌博、禁盗窃、禁伪诈、附等部分。《李氏家法》的出现，反映了我国古代家训发展的一个新倾向，即家训逐渐转变家法、家族法，成为国家支持下的家族、宗族的法律。其内容涉及家庭、家族与宗族生活的一切领域，其形式体系化、条文化、规范化。《李氏家法》较之有些家训有如下特点：

治家当情法兼顾。以往家训虽然也强调父母威严的一面，对不肖的子孙施以打罚，但大多数还是侧重于道德教诲。《李氏家法》则与此不同，它明确提出了"治家当情法兼顾"的主张。李氏还特别指出"主家之人"对于家庭治乱具有关键作用。

为子之道贵在孝。孝是中国传统家庭道德中规定的子女对父母的道德义务。《李氏家法》中对"孝"也有严格的规定。李氏认为，"罪莫大于不孝""如果有不孝情事，无论嫡继，一例治罪"。"孝"的内容除了晚辈对长辈"养生送终"外，还包括对父母偏失的"婉言讽劝""喻亲有道"。同时，对继母也应当孝敬。

相敬如宾是夫妻之道。《李氏家法》认为，"夫妇乃人道之始、万化之基也。"人伦关系都是由夫妇关系开始演化而来的，因此，夫妻之间应当相敬如宾。在"夫为妻纲"的年代，其家法还公正地指出，丈夫不能独断专行，如果妻子的话语有道理，丈夫也应该采纳。

家族成员要务正业、戒淫邪。《李氏家法》特别强调，家族成员要务正业，戒淫邪，不做不良之徒。如果有人不务正业，玷污祖宗，那么将不准其入族谱。

《李氏家法》还载有禁止赌博的规定，指出："赌博之徒，荒废职业，如狂如梦，典衣罄尽"，颓风败俗，并规定对开赌参赌严厉处罚。

另外《李氏家法》还对乱伦、盗窃，诈伪等行为，严厉禁止，有违令者，轻则处罚，重则不准入祠入谱。

乔家大院"六不准"

清末民初，山西省祁县乔家堡乔氏是远近闻名的商业巨子，是盛极一时晋商的代表之一。从先祖乔贵发创业起，乔家历经由贫穷到富裕，由枝叶稀少的小家子发展繁衍为人口众多、能者辈出名门望族。鼎盛时期，数百口人聚族而居，产业遍布各地。

乔家兴旺发达，有诸多原因，其中有一条最不可忽视，那就是乔贵发制定、乔致庸完善的乔氏家训家规。家训是指导家人处事做人的准则。制定家训并一以贯之、坚持执行就会家风正人多丁旺事业兴。乔家发达的实践就证明了这一点。

乔家的家训不仅书写在案头上，而且展示于随处可见的楹联匾牌之上，供家人随时牢记，自觉执行。这些家训主要内容有："厥德惟修""为善最乐""履中蹈和""经济会通守纪律，言词安定去雕琢""子孙贤族将大，兄弟睦家之肥""损人欲以复天理，蓄道德而能文章""宽宏坦荡福臻家常裕，温厚和平荣久日后昌""传家有道惟存厚，处世无奇但率真""读书于我为曲蘖，嗜好与俗殊咸酸""百年燕翼惟修德，万里鹏程在读书""忠厚培心和平养性，诗书启后勤俭持家""行事莫将天理错，立身宜与古人争"等。

乔家口口相传、耳熟能详家规，核心要义是要家人时刻铭记和坚持遵守"六不准"，即不准纳妾；不准赌博；不准嫖娼；不准吸毒；不准虐仆；不准酗酒。

在这些家训家规的引领下，乔氏家族和睦团结，几乎没有发生过兄弟反目、妯娌交恶、婆媳不和等事情。连一代名人李鸿章都对其"和为贵"的家风十分赞赏，他还给乔家撰写过一副楹联，要求世人学习效法乔家的良好家风家训。

乔家世代经商，十分讲究诚信。乔家曾经在包头发现一批自己经手的胡麻油掺了假，他们知道后立即把油全部倒掉，换成好油。民国时期，山西省银行以20晋钞兑换1银圆，百姓损失很大。但乔家坚持不让客户利益受损，给存款人仍然按1元晋钞兑换1银圆。

积德行善，勤俭持家是乔家家风的核心，乔家一贯友善乡邻，常年把3头力大好使唤的牛拴在门外，任凭乡邻无偿役使，用完再送还。乡邻如有因病因灾造成家境困难，只要找到乔家，都会得到帮助。

正因为家风优良，乔家富甲一方长达200多年，连续六代昌盛不衰，被称为"翘楚"。乔氏严格的家规、睿智的家训、垂范的家风，是乔家留下的珍贵精神财富，历经岁月洗礼仍未褪色，对今天建设和谐美好家庭仍有指导节鉴和作用。

《内则》——齐家规范

自古到今，家庭是社会最基础的细胞，"家和万事兴"是亘古不变的真理。以周礼兴国治国的周代，也是一个最重视家庭建设的王朝。周礼是周代根本大法，内容广博，牵涉面广。对家庭建设的有关规定是周礼的重要方面，经戴圣整理完善的周礼"三礼"中的《礼记》有篇《内则》，专门规定了家庭成员在家中所遵循的礼仪规则，是反映周代齐家治家的基本准则和主要方略。《内则》包括内则、饮食、养老、育幼等12部分内容，各部分又有许多具体详尽的礼仪规则，《内则》齐家礼仪主要表现在夫妇和顺、孝敬老人、父慈子爱、男女有别、尊老爱幼等，这些内容不仅对维护周代家庭秩序和社会秩序有一定积极意义，而且还对我国历代家庭建设产生过重要影响。

夫妇关系是家庭关系的关键和核心所在，夫妇关系和顺稳定则家庭和睦，家道顺畅，万事和顺。所以《内则》规定家庭要建宅立室，按辈分言分内外，各居其所，不得混住。一般男子居外，女子住内，设有关人员守护，不得随意出入。《内则》对妇女要求尤其严厉，要求女人衣着干净，头发整齐，系上香包，穿戴齐整才能进入男人居室。《内则》要求男人，在家里不能喝三喊四，呵斥妇女，更不能用手指指点点。行路男左女右。《内则》规定闺门内所说的话不外传，外面的闲散议论也不能带入家里等，以种种细节性举措约束夫妻和顺家庭稳定和谐。

《内则》提倡夫妇忠于爱情，互相尊重，互敬互爱，反对恃强凌弱。周人虽然不反对男子休妻，但休妻却有一定条件，不允许女子无过错被随意休掉，休掉的女人和寡妇还可以再嫁，体现了对女权的尊重。

对老人的关爱孝敬是《内则》重点内容之一，其有一个重要内容就是要求家中小辈，必须对老人昏定晨省，就是每天儿子、儿媳必须很早起床，洗涮完毕，去老人屋里叫醒老人，请安问好，帮助老人洗漱。询问老人早餐吃喝什么，然后精心筹备。要尽量给老人做出柔软、甘甜、香美的食物，由他们选食，一定要等老人尝过食物后，方可离开。吃罢早饭，儿子儿媳要给老人安置好座榻，安顿老人坐舒坦方可离开干自己的事情。晚上也要去老人屋里问寒问暖，服侍老人安然入睡，自己才能回屋休息，从不间断。这个制度上自国王，下到百姓都需自觉遵守。《内则》规定，小一辈对老人必须态度和蔼，说话柔声细气，面带笑容，注意从微小处着眼，毫不马虎地经管好老人，包括老人身上疼痛发痒，小的必须不厌其烦地给老人按摩抓痒，直到老人舒服为止。父母出门行走，小辈们必须陪伴身后或前边，父母体弱要小心地搀扶，以防走不稳摔倒。老人的用品不得随意翻动，老人剩下的饭菜由儿子儿媳恭敬地吃完，如果是营养好易于消化的剩饭则先让家里的幼儿吃。做儿子儿媳的还不能违背父母旨意，对父母的要求不可懈怠，要立即去办理。父母让儿子儿媳吃东西，即使不喜欢吃，也要尝几口，等到父母察觉以后说声不爱吃也就算了，这时方能住口。如果儿子儿媳不孝敬老人，就采取教育手段，如果教育不起作用，方可责罚，如果责罚还不起作用，那就把儿子赶出家门，把媳妇休回娘家。即便如此，也不对外人明言其过，免得家丑外扬。

父母有了过错，做儿子的要低声下气和颜悦色地劝谏。父母过世了，儿子想做好事，想到这会给父母带来美名，就一定要果敢地去做。如果要做不好的事情，想到会使父母跟着丢人，那就一定罢手不去做。公公去世，婆婆就把主持家务的事传给儿媳，但处事待物还得时时处处请示婆婆，丝毫不能专断。儿子儿媳还不得有属于自己的财货、器物、牲畜，不能私自外借东西。老人在家里有绝对权威。

作为中国最古老的家庭"大法"，《内则》竟然如此详细规定了家庭成员居家之要，特别是尊老爱老之法，可见在以伦理为本位的中国社会中，家庭是何等重要，老人是何等尊贵。重视家庭，尊重老人是中华文明的重要特性。

《内则》对中国数千年家庭家风建设起过相当重要的作用，有些内容今天仍然有借鉴之处。

第六章 家风箴言留启迪

中华民族历来重视家庭、重视家风，在漫长的历史岁月里，许多圣贤和有识之士，对家庭建设、家风传承提出了很多精辟论述，总结了许多富有哲理的名言俗语歌谣，创作了大量楹联诗赋，洋溢着家国情怀，传承了尊老爱幼、勤俭持家、夫妻和睦、家庭美满的理念，并启迪人们积极向善向上，为家庭谋幸福，为他人送温暖，为社会作贡献，助推精神文明建设，助力实现中华民族伟大复兴。

名言警句

克勤于邦，克勤于家。　　　　　　　　——《尚书·大禹谟》

古之欲明明①德于天下者，先治其国。欲治其国者，先齐其家。欲齐其家者，先修其身。　　　　　　　　——《礼记·大学》

不独亲其亲，不独子其子。　　　　　——《礼记·礼运》

孝有三，大孝尊亲，其次弗辱，其下能养②。　——《礼记》

凡为人子之礼，冬温而夏清，昏定而晨省，在丑夷不争③。
　　　　　　　　　　　　　　　　　　——《礼记》

夫为人子者，出必告，反必面，所游必有常，所习必有业，恒言不称老。　　　　　　　　　　　　　　——《礼记》

教三行，一曰孝行，以亲父母；二曰友行，以尊贤良；三曰顺行，以事师长。　　　　　　　——《周礼·地官·师氏》

慎终追远，民德归厚④。　　　　　——《论语·学而》

弟子入则孝，出则悌，谨而信，泛爱众，而亲仁。
　　　　　　　　　　　　　　　　——《论语·学而》

夫孝，德之本也，教之所由生也。　　——《孝经》

---

①明，明德：第一个明是动词，昭明的意思，第二个明德是指光明德行。

②总体意思为：孝行分为三个等级，最高一等就是言语、内心和行为都尊敬父母，其次一等是不打骂侮辱父母，再下一等是为父母养老送终。

③冬温，冬天使父母生活的温暖；夏清，夏天使父母过得凉爽。昏，晚上。昏定，晚上给父母安定床褥，使他们休息好。晨省，早上给父母请安。

④慎，谨慎的对待；终，死亡；追远，追念逝去的先人。厚，在此指本性之德。总体意思为：谨慎地办理父母丧事，虔诚的追念和祭祀祖先，这样就可以使百姓的道德风俗归于淳朴厚道了。

地之性，人为贵；人之行，莫大于孝①。 ——《孝经》

积善之家，必有余庆；积不善之家，必有余殃。②

——《易经》

父慈而教，子孝而箴，兄爱而友，弟敬而顺，夫和而义，妻柔而正，姑慈而从，妇听而婉，礼之善物也。 ——《左传》

父母之爱子，则为之计深远③。 ——《战国策》

老吾老，以及人之老；幼吾幼，以及人之幼。 ——《孟子》

人人亲其亲，长其长，而天下平。 ——《孟子》

树欲静而风不止，子欲养而亲不待也。④ ——《韩诗外传》

谁言寸草心，报得三春晖。 ——唐·孟郊《游子吟》

父之爱子，教之义方。⑤ ——宋·司马光

以德遗后者昌，以财遗后者亡。 ——宋·林　逋

养不教，父之过；教不严，师之惰⑥。

——宋·王应麟《三字经》

贫贱而不可无者，节也贞也；富贵而不可有者，意气之盈也。

——明·方孝儒

士有悍妇则良友不至，国有妒臣则贤士不留。 ——明·刘　基

---

①总体意思是：天地万物之中，人类最为尊贵，人类的行为，没有比孝道更大的了。

②庆，吉庆；殃，祸殃。

③计，思考，考虑。总体意思是：父母爱子女，就要为他们考虑得长远些。

④总体意思是：树想静止不动，风却不停息地吹；子女想要赡养亲人，亲人却已经不在了。

⑤义方，指行事应遵守的规矩法度。

⑥惰，懒惰。后半句引申为对学生不严格教育是老师的失职。

居家戒争讼，讼则终凶；处世戒多言，言多必有失。

——明·朱柏庐《朱子家训》

重资财，薄父母，不成人子。　　——明·朱柏庐《朱子家训》

传家两字，曰读与耕。兴家两字，曰勤与俭。安家两字，曰让与忍。

——《古今图书集成·家范典》

家有一心，有钱买金；家有二心，无钱买针。

——明·徐　渭

千经万典，孝义为先。　　　　　　——《增广贤文》

乡党和而争讼息，夫妇和而家道兴①。　　——《增广贤文》

莫贪意外之财，莫饮过量之酒。　　——《增广贤文》

孝当竭力，非徒养生。羊有跪乳之恩，鸦有反哺之情。

——《增广贤文》

治家以和平两字为主。　　　　　　——清·钱　泳

治家严，家乃和；居乡恕，乡乃睦②。　　——清·王　豫

父母呼，应勿缓，父母命，行勿懒。父母教，须敬听，父母责，须顺承。　　　　　　　　　　　　　——清·李毓秀《弟子规》

冬则温，夏则清，晨则省，昏则定，出必告，反必面，居有常，业无变。　　　　　　　　　　　　——清·李毓秀《弟子规》

富贵子弟无成者，失于姑息也；贫贱子弟易成者，息于严束也。

——清·陈　苌

家弗和，防邻欺；邻弗和，防外欺。　　——清·王　豫

勤俭治家之本，和顺齐家之本，谨慎保家之本，读书起家之本，忠

---

①乡党，古代五百家为党，一万二千五百家为乡，这里引申为乡亲。总体意思为：乡邻和睦就不会有官司之类的纠纷。
②恕，这里指宽恕。

孝传家之本。　　　　　　　　　　　——清·金缨《格言联璧》

　　百善孝为先。　　　　　　　　　　　　　——《围炉夜话》

家风谚语

要知父母恩，直到怀里抱儿孙。

堂上二老是活佛，何用灵山朝世尊。

一家之计在于和，一生之计在于勤。

早纳粮不怕官，孝敬父母不怕天。

父母心在儿女上，儿女心在石头上。

老的难当天难当。

儿不嫌母丑，狗不嫌家贫。

妻贤夫祸少，子孝母宽心。

养儿不教，倒了锅灶。

一天省一把，十年买匹马。

有时当想无时日，莫到无时想有时。

惜布有衣穿，惜粮有饭吃。

节约好比针挑土，浪费好比水推沙。

宁叫顿顿稀，不叫一顿饥。

锅上有个好手，一年能省八斗。

三年不吸烟，省个老驴钱。

吃不穷，穿不穷，打当不到一世穷。

钱是一个一个上串，粮是一颗一颗上石。

毛毛细雨湿衣裳，吃零碎吃掉家当。

家风歌谣

修身正己歌

唐·陈子昂

事父尽孝敬，事君贵端贞。

兄弟敦和睦，朋友笃信诚。

从官重公慎，立身贵廉明。

待士慕谦让，莅民尚宽平。

理讼惟正直，察狱必审情。

谤议不足怨，宠辱讵须惊。

处满常惮盈，居高本虑倾。

诗礼固可学，郑卫不足听。

幸能修实操，和俟钓虚声。①

白硅玷可拭，黄金诺不轻。②

秦穆饮盗马，楚客报绝缨。③

言行既无择，存殁自扬名。

---

①意思是：务实而不图虚名。

②意思是：白玉上的污点可以磨掉，而许下的诺言绝不可轻易改变。

③意思是：要像秦穆公对待盗杀自己马匹的人那样温和，要像楚王对待调戏自己爱姬的人那样宽厚。

家庭和乐歌

自古家和万事兴，万事需要家太平。

家庭是个大本营，回到家中心安宁。

家庭给人以温馨，家庭使人更智勇。

家庭和谐关系亲，出外拼搏有信心。

处事待人须热情，不可对人冷如冰。

面带笑容回家中，家中时常显光明。

相亲相爱并相敬，日月更新感情深。

如果时时互相争，天长地久埋怨情。

谦敬人人都赞誉，礼让个个受欢迎。

家庭和睦须珍惜，家庭不和大不幸。

互信互任互相明，心里不要藏阴影。

热情换得人互信，难忘真情记心中。

些小事情莫认真，定把余地要留清。

事事合力一股劲，快乐氛围满家中。

家务事儿料理勤，人人动手各显能。

屋里屋外常洁净，心情舒畅少得病。

不讲排场最要紧，平时处处要俭省。

事事提早操点心，免得临渴才挖井。

倘若灾祸降家庭，沉着应对要冷静。

风雨过后天气晴，云开雾散日月明。

教育子女要上进，勤俭家风永继承。

邻里和睦互帮衬，家和方能万事兴。

婆媳和顺歌

婆媳之间学问多，家家户户用得着。

会当媳妇婆婆夸，会当婆婆媳妇乐。

婆媳之间处得好，家庭和睦是非少。

有活媳妇抢着干，婆婆乐得闲不着。

婆媳之间感情深，婆婆把媳当亲生。

婆媳之间有嫌隙，莫听别人说是非。

好话歹话不理它，婆媳齐心乐哈哈。

夫妻和美歌

一日夫妻百日恩，百日夫妻似海深。

恩爱夫妻春常在，冤家夫妻冷如冰。

有钱难买夫妻情，互敬互爱水乳融。

结发夫妻白头老，同心同德伴一生。

夫妻之间恩爱深，白头偕老贵似金。

夫妻之间恩情贵，不伤元气不伤胃。

夫妻之间知冷热，感情永固不破裂。

夫妻之间不一般，真挚情感磐石坚。

夫妻之间一条心，日子越过越有劲。

夫妻之间不挑理，和和睦睦乐无比。

夫妻之间不攀比，同心同德过到底。

夫妻之间多谦让，同心同力日子旺。

夫妻团结如一人，阖家幸福众人尊。

夫妻之间常交心，消除隔阂心不闷。

夫妻之间要真诚，快乐家庭暖如春。

夫妻本是同蒂莲，同甘共苦过一生。

夫妻越老越觉亲，形影不离互操心。

邻里和睦歌

邻居和睦胜亲朋，互帮互衬互照应。

近水楼台先得月，应得急来解得困。

早不见面晚见面，莫为琐事起纷争。

互相忍让多担待，换手抓背工换工。

家禽家畜管理好，孩儿闹事大人训。

莫学辣椒红了脸，莫学花椒黑了心。

自古俗语说得清，远亲不如近四邻。

远水不解近处渴，哪有万事不求人。

朋友互信歌

朋友相交要谨慎，结识知己讲诚信。

休论酒肉为知己，狐群狗党莫相亲。

入山不怕虎伤身，两面三刀吓煞人。

易进易退山溪水，易反易复小人心。

萍水相逢难知心，患难与共显真心。

路遥方可知马力，日久才能见人心。

锦上添花非君子，雪中送炭贵如金。

四海之内皆兄弟，诚心待友益无穷。

孝亲敬老歌

思父母养育恩如地如天，为子女虽竭力报答不完。

今且把其中情叙说一遍，劝诸位仔细听牢记心间。

家庭中百般事父母操办，理家务育子女倍受辛酸。

怀胎儿十月满行动不便，临生产惊险多昼夜不安。

娘生儿就好比墙头跑马，若一步登空了命难保险。

喂婴儿擦屎尿操前忙后，顾饥饱想寒暖唯恐不全。

孩子哭娘心痛紧哄紧抱，擦擦泪安安心问长问短。

尿湿左娘去暖怕儿受冻，屙脏右娘不嫌还得暖干。

左边湿右边脏儿无处睡，把孩儿抱怀里肚皮相连。

有一点好吃的娘不肯用，单等到儿吃毕娘再去餐。

一岁上不会跑怀中常抱，夏撵蚊冬暖被怕儿受寒。

到两岁呜侬语比长等短，喊声妈叫声爸喜气增添。

三四岁满街跑放心不下，一边叫一边喊紧随后边。

五六岁和孩子一起玩耍，又是骂又是打怕儿受难。

七八岁进学校操心更大，放学后恐路上闯出祸端。

入中学盼子女力求上进，费用大四处借望子成全。

为孩儿找工作求人不易，费口舌花钱财再难得办。

子女病父母急求医问药，请大夫抓良药病愈体安。

子外出为父母时刻牵挂，夜担心昼打探盼儿早还。

父母心从育子直到无常，操家务育子女何曾得闲。

子女们想一想父母苦难，做子女孝如何孝敬慈严。

严父的教育苦及时要报，慈母的抚育恩哪能报完。

子孝敬孙相袭循环常理，无义人难养出忠孝儿男。

圣人言百样善孝敬当先，孝顺老阖家喜幸福无边。

（选自梁新军《俗言劝世》）

劝 孝 歌

人生百行孝为先，父母深恩大似天。

养育劬劳千万苦，劝君勤诵蓼莪篇。

父母殊恩至大哉，天高地厚总难赅。

我能数尽青丝发，唯有亲恩数不来。

孝子思亲莫等闲，亲如红日薄西山。

移山有志终可期，返日挥戈确实难。

孝顺应生孝顺子，忤逆还生忤逆儿。

不信但看檐前水，点点滴滴不差移。

孝行从来可格天，经文熟读孝心坚。

檐前滴水无差错，孝子生孙必定贤。

孝亲八方

一是养亲，义不容辞的奉养父母；

二是关亲，体贴入微的关心父母；

三是敬亲，满怀深情的尊敬父母；

四是顺亲，不失原则的顺从父母；

五是礼亲，晨昏省视以礼敬父母；

六是谏亲，老人有错以谏诤父母；

七是光亲，做出成绩以荣誉父母；

八是延亲，端正生育观告慰父母。

（选自张硕平、王延安编著《中国孝文化》）

家风楹联

教子无偏，心田一片先培德；
兴家有道，祖训千秋首重和。

——胡小敏

孝行千日短；
仁爱一生长。

——刘志刚

立训教儿孙，曰俭、曰勤、曰孝；
传家唯善美，修身、修业、修行。

——赵继杰

立品无奇，德树有枝施剪早；
齐家有术，孝田无税纵犁耕。

——李俊和

敦睦家风，雨细无声常润我；
绵长世泽，春和布德最怡人。

——张树路

践孝于行铭五内；
事亲为大报三春。

——马　弘

勉其忠孝多三省；
励我儿孙有四知。

——方东清

带笑回家，比啥都好；

悉心敬老，再苦也甜。

——田　鑫

行孝莫迟疑，当为渭水三春草；

做人须直节，应学泰山百尺松。

——潘可玉

崇孝义以奉亲，镌铭祖训；

倡勤廉而教子，赓续家风。

——夏环宝

孝行天下春风灿；

德耀中华国梦馨。

——王卫军

父母是河，风雨时从头上过；

儿孙为友，尊荣更要德中隆。

——李青松

秉家风必读诗书礼乐；

承祖训长行忠孝仁和。

——张　虹

囊里钱丰德作本；

家中树茂孝为根。

有礼必循，礼仪礼貌人人讲；

无家不立，家训家风代代传。

——蒋燕玲

常怀诚信铺福路；
永捧孝心侍严亲。

——杨玉汉

通仁达智传家训；
敬老尊贤继世风。

——林锦诚

子孝母慈，人善一生福；
夫妻谦让，家和万事兴。

——钟国强

以德为本，家和业旺；
视善如天，事顺人安。

——高耀美

唯俭修身，淳风化雨随周礼；
斯耕养德，抱朴净心育品行。

——王永金

孝存心底行当下；
佛在家中莫远求。

——吴岱宝

廿四箴言弘价值；
千秋孝德载家风。

——解连德

孝领祥和入户；
勤催幸福约春。

——孙民孝

百姓家风，养德修身堪致远；

千年祖训，图精戒躁可成才。

——严应道

首孝悌，次见闻，自身修就心明理；

能让梨，会温席，从小学成利及人。

——邹立坚

国施国法圆国梦；

家立家规蕴家风。

——国元令

仰圣希贤，文明处世和为贵；

立身修德，友善待人礼占先。

——吴德秀

德为立世基，守信守诚天地阔；

善乃作人本，善筑心中德有邻。

——张建芳

养德不离忠与孝；

齐家更要俭和勤。

——张德新

俭以养德，父母应当作表率；

忠而尚义，子孙方好继家风。

——肖长林

包容一点家庭睦；

礼让三分邻里和。

——吴　迟

一掷千金福海罄；

常勤三代苦山平。

——李振宇

教子学贤，公正做人酬国运；

光宗致远，勤廉立世报家邦。

——李玉虎

耕读传家，名高不废诗书礼；

勤廉律己，利至常铭周召风。

——于龙江

让三分未必人矮；

读万卷方能智高。

——武志斌

世守礼仪遵祖训；

家传勤俭裕门风。

——王玉林

（选自张维社主编《家风联萃》）

参 考 文 献

［1］司马迁：《史记》，中华书局1959年版。

［2］孔颖达：《毛诗正义》，中华书局2011年版。

［3］岐山县志编纂委员会：《岐山县志》，陕西人民出版社1992年版。

［4］岐山县地方志编纂委员会：《岐山县志》（1990—2010），三秦出版社2017年版。

［5］魏英敏：《孝与家庭伦理》，大象出版社1997年版。

［6］张硕平、王延安：《中国孝文化》，陕西人民教育出版社2007年版。

［7］何凤娣：《好家风就有好家教》，北京理工大学出版社2015年版。

［8］左岸：《中国家风》，中国华侨出版社2017年版。

［9］成云雷：《家风家训的故事》，长江文艺出版社2019年版。

［10］李东霖：《中华文化的真实义》，世界知识出版社2017年版。

［11］张维社：《家风联萃》，中国诗联书画出版社2019年版。

［12］梁新军：《俗言劝世》，中国文化出版社2021年版。

［13］《岐山县传承周礼优秀文化弘扬社会主义核心价值观事迹集锦》。

［14］岐山县关心下一代工作委员会编：《岐山好家教好家风风采录》，2022年版。

后　记

2021年10月，岐山周文化研究会胜利换届后，根据我县十多年周文化研究学习宣传传承的实际，决定编纂一套反映人民群众传承周文化方面的丛书，根据统一安排，我承担《家风卷》编写工作。

家风是中国文明史恒久的话题，是道德品质的世代积累、嘉言懿行的代际沉淀。在波澜壮阔的历史进程中，历代圣贤崇德向善，修身齐家，为人们树立了价值典范、行为标杆。编写《家风卷》对传承周礼优秀文化，弘扬优秀家风，褒扬先进典型，建设新时代文明家庭，具有十分重要的作用，能承担此项工作既是自己的荣幸更是责任。自2021年11月至今一年多来，自己购买学习相关古代典籍、志书和现代有关书籍，阅遍能够搜寻的相关资料，回忆整理自己参加县上传承周礼优秀文化，弘扬社会主义核心价值观工作期间获得的有关先进人物事迹资料，根据编写主题和纲目要求，归类整理，条分缕析，甄别筛选，立纲定目，确定有关内容，梳理贯通，站在新时代的伟大历史背景下，借鉴家风建设经验教训，立足当下家风建设新形势新要求，进行客观理性体认解读，并以自己语体方式进行通俗表达，以法古不泥古，广泛采撷不照搬，通过系统化、条理化整理归纳、编辑撰写，以期给读者提供有周文化和岐山特色，能有所感悟、带来启发教育的新读本。

该书编写过程中，得到岐山周文化研究会领导的关怀指导，得到研究会同仁和县文旅、宣传、政协、老科协、县关工委、县诗联学会、县地下水管理监测站等部门领导、学者支持与鼓励，在此表示诚挚谢意！

虽然全书只有10多万字，内容还比较单纯，叙述还不够精到，只是宣传推介周文化的一本通俗读物，缺漏和错讹肯定在所难免，诚望批评指正。

李沛生

2023年1月

跋

　　2021 年 10 月，我有幸当选为第三届岐山周文化研究会会长，在会员代表大会上，我表态要学习继承前任经验，按照创造性转化、创新性发展的思路，拓宽研究领域，在周文化传承践行上下功夫、做文章，使地方优秀传统文化更好地服务于经济社会发展。按照县委、县政府"做活周文化"战略部署，经过反复讨论，我们提出编撰一套《周文化传承丛书》，涉及《勤廉卷》《德行卷》《诚信卷》《家风卷》《教育卷》《孝道卷》《礼俗卷》《人物卷》共八卷，挖掘整理历史典故和民间故事，垫实基础文化资料，找准主题内容的源头，然后从历代传承入手，理清传承人物和传承故事，包括岐山人的传承践行事迹。要求语句通俗易懂，不穿靴戴帽，成为大众通俗读本和老百姓的"口袋书"。思路理清后，我们召开周文化研究会常务理事扩大会议，反复修改讨论，广泛征求意见。同时，征求了宫长为、孟建国、范文、霍彦儒、王恭等专家学者的意见和建议，并与杨慧敏、郑鼎文、刘剑峰同志反复沟通协商，提出编撰大纲。再次召开周文化常务理事扩大会议，进行讨论修改，落实撰写人员，明确分工任务，确定完成时限。随后，我向县委书记杨鹏程、县长张军辉分别汇报，得到了领导的肯定和支持，要求抓紧编撰，打造周文化传承精品工程。

　　《周文化传承丛书》八卷本大纲确定之后，各位撰稿人踊跃积极撰写，主动走访座谈，广泛搜集资料。年逾古稀的老会长郑鼎文先生冒着酷暑，坚持每天撰写在10小时以上。刘剑峰同志为了搜集孝道方面的内容，翻阅了大量文史资料，走访了多名文化人士，当他搜集到历代岐山人传承孝道的感人故事时，流下了热泪，为岐山人传承孝道而感动。青年作者马庆伟同志，承担着《德行卷》和《诚信卷》两大编撰任务，他白天忙于机关工作，利用晚上和休息日加班撰写，有时写到天亮，家属多次催他休息，他趴在桌子上打个盹又继续写作。每位编撰人员认真勤奋刻苦敬业的编撰故事，件件令人感动，催人奋进！有的作者风趣地说，《周文化丛书》人称"周八卷"，我们现在编撰的是"新八卷"，新八卷是《周文化丛书》的继承和发展。编委会要求高质量完成编撰任务，既要体现周文化的博大精深，又要传承发扬光大，从而使周文化深深扎根于读者的心坎里！

　　《周文化传承丛书》的编撰发行，离不开各级党政组织和社会各界的大力支持与厚爱。宝鸡市社科联周文化资深学者王恭先生，担任本丛书编辑和统稿工作，从2022年10月开始，王恭先生对送来的丛书初稿，按照体例要求，逐字逐句推敲，认真仔细修改，为丛书出版做出了贡献！中国先秦史学会会长宫长为先生对丛书编撰给予精心指导，并为本丛书作序，对丛书给予充分肯定，鼓励要求我们大力挖掘周文化资源，花大力气传承周礼优秀文化，使周文化彰显璀璨魅力。县人大常委会主任王辉，县政协主席刘玉广对丛书编撰出版工作给予大力支持、精心指导。县委常委、宣传部部长王武军对丛书编撰工作高度重视，要求高质量完成编撰任务。县文化和旅游局局长杨慧敏在丛书编撰过程中，从历史典故、历代传承到现代传承提出了意见和建议，对丛书出版予以精心指导。在出版社审稿期间，马庆伟同志对书稿又进行认真核校，并与出版社衔接沟通，精益求精，力求做到万无一失。

由于丛书编撰时间紧迫，内容还缺乏系统性和完整性，词汇和语句有许多不足和缺陷，有些典故和传承故事难免出现重复，望广大读者给予指导雅正，以便更进一步做好编撰工作。

岐山周文化研究会会长　傅乃璋

2023年12月